Das neue Schuldverschreibungsrecht

ILFS

Institute for Law and Finance Series

Edited by
Theodor Baums
Andreas Cahn

Band 11

Das neue Schuldverschreibungsrecht

Herausgegeben von
Theodor Baums

DE GRUYTER

ISBN 978-3-11-030434-3
e-ISBN 978-3-11-030451-0

Bibliografische Information der Deutschen Nationalbibliothek
Die Deutsche Nationalbibliothek verzeichnet diese Publikation in der Deutschen Nationalbibliografie; detaillierte bibliografische Daten sind im Internet über http://dnb.d-nb.de abrufbar.

Einbandabbildung: Medioimages/Photodisc
Datenkonvertierung: Werksatz Schmidt & Schulz GmbH, Gräfenhainichen
Druck und Bindung: Hubert & Co. GmbH & Co. KG, Göttingen
♾ Gedruckt auf säurefreiem Papier
Printed in Germany

www.degruyter.com

Vorwort

Im internationalen Vergleich nimmt der deutsche Markt für Anleihen eine Spitzenposition ein, nicht aber das deutsche Schuldverschreibungsrecht. Vor diesem Hintergrund hat der Gesetzgeber 2009 das *Gesetz über Schuldverschreibungen aus Gesamtemissionen* erlassen. Dessen Ziel war es, auf die Kritik an der überkommenen Rechtslage zu reagieren und dem deutschen Schuldverschreibungsrecht im Wettbewerb der Rechtsordnungen einen besseren Platz zu sichern. Internationale Gepflogenheiten auf den Anleihemärkten, insbesondere Restrukturierungen, sollten künftig rechtssicher realisierbar sein, die Transparenz der Anleihebedingungen erhöht und der Anwendungsbereich des Gesetzes stark erweitert werden.

Hierzu stellt das neue Schuldverschreibungsrecht eine Reihe von Kollektiv- und Individualrechten der Anleihegläubiger zu Verfügung, damit Anleihebedingungen im Nachhinein unter Berücksichtigung der Investoreninteressen an neue Gegebenheiten angepasst werden können. Rechtstechnisch orientieren sich diese Normen weitgehend am Aktienrecht. Das neue Schuldverschreibungsrecht gewährt den opponierenden Anleihegläubigern einen ähnlichen Rechtsschutz, wie er im Aktienrecht entwickelt worden ist. Sie können den Beschlüssen widersprechen und Anfechtungsklage erheben, die die Emittentin daran hindert, die Beschlüsse umzusetzen. Bei Erfolg wird nicht der widersprechende Investor entschädigt, sondern der gesamte Beschluss wird kassiert.

Die Praxis hat neuere Emissionen inzwischen dem SchVG unterstellt. Leider sind die Erfahrungen nicht durchweg positiv. Es ist an der Zeit, das neue Schuldverschreibungsrecht vor diesem Hintergrund kritisch zu beleuchten, die gemachten Erfahrungen zu sammeln und auszutauschen und die Frage nach Verbesserungen zu erörtern. Zwei wesentliche Kritikpunkte haben sich als besonders bedeutsam herausgestellt, wie die hier vorgelegten Erfahrungsberichte erkennen lassen: Erstens, der dem Aktienrecht entlehnte Rechtsschutz der Anleihegläubiger einschließlich des hinreichend bekannten Missbrauchs der Individualklagemöglichkeit einzelner Anleihegläubiger bedarf im Schuldverschreibungsrecht einer Weiterentwicklung und Anpassung an die dort gegebenen Besonderheiten. Zweitens, die Anwendbarkeit des neuen Schuldverschreibungsrechts auf Altanleihen bedarf einer Klarstellung. Die für Emittenten mit Sitz im Ausland zuständigen Gerichte in Frankfurt am Main haben diesen die Möglichkeit einer Restrukturierung nach dem neuen Schuldverschreibungsrecht unter Hinweis auf § 24 Abs. 2 SchVG 2009 verwehrt. Diese Entscheidungen hatten nicht nur für die inzwischen in die Insolvenz geratenen deutschen Konzernmütter und damit für die Masse der betroffenen Schuldverschreibungsgläubiger fatale Folgen. Sie führen überdies dazu, dass neue Schuldverschreibungen nicht mehr dem SchVG 2009 unterstellt werden, da an den unter diesem Gesetz möglichen Restrukturierungen die ausstehenden Altanleihen nicht teilnehmen können.

Der vorliegende Band enthält die schriftlichen und um Fußnoten ergänzten Beiträge einer Tagung des *Institut for Law and Finance* an der Goethe-Universität in Frankfurt am Main im Juni 2012. Die Beiträge ziehen ein vorläufiges Fazit zum Erfolg des neuen Schuldverschreibungsrechts und lassen deutlich werden, dass das noch junge Schuldverschreibungsrecht einer weiteren Reform bedarf, wenn es im Wettbewerb der Rechtsordnungen eine Rolle spielen möchte.

Die Publikation wurde durch einen großzügigen Druckkostenzuschuss der Kanzleien *Hengler Mueller* und *Latham & Watkins LLP* gefördert. Ihnen danke ich herzlich. Auch den Mitarbeitern des *Institute for Law and Finance* und meines Lehrstuhls danke ich für die tatkräftige Unterstützung. Weiter gilt Dank meinem Mitarbeiter Herrn *Jan Walbrecht*, der die Drucklegung maßgeblich betreut hat.

Frankfurt am Main, Februar 2013 *Theodor Baums*

Inhaltsverzeichnis

Die Autoren

Dr. Christoph Keller

Dr. Christoph Keller, geb. 17.10.1962, ist Abteilungsleiter im Zentralbereich Recht der Deutschen Bundesbank, dort zuständig für rechtliche Fragen des Zentralbankgeschäfts (d.h. Refinanzierung, Sicherheiten, Zahlungs- und Wertpapierverkehr sowie Geschäfte mit Währungsreserven). Er war Mitglied der G 10 Arbeitsgruppe on certain contractual clauses, die im September 2002 ihren Bericht veröffentlichte, seither war er an den Vorbereitungsarbeiten zum Schuldverschreibungsgesetz 2009 beteiligt.

Dr. Nils Kößler

Dr. Nils Kößler, Jahrgang 1977, ist ebenfalls Mitarbeiter im Zentralbereich Recht der Deutschen Bundesbank.

Dr. Philipp von Randow

Philipp von Randow ist Equity Partner in der internationalen Anwaltssozietät Latham&Watkins LLP und vertritt Banken und Unternehmen bei Fremdkapitalfinanzierungen, insbesondere durch Anleihen.

Dr. Hannes Schneider

Dr. Hannes Schneider war von 1972 bis 2006 Partner bei Hengeler Mueller und war als Seniorpartner im Bereich Bank- und Finanzrecht sowie Kapitalmarktrecht tätig. Seit 2007 ist er inaktives Mitglied der Sozietät.

Prof. Dr. Hans-Gert Vogel

Prof. Dr. Hans-Gert Vogel ist nach Tätigkeiten als wissenschaftlicher Mitarbeiter am Institut für Handels- und Wirtschaftsrecht der Universität Osnabrück (Promotion 1998 zum Schuldverschreibungsgesetz bei Prof. Dr. Dres. h.c. Baums), bei den Anwaltssozietäten Hengeler Mueller und Beiten Burkhardt sowie beim Deutschen Sparkassen- und Giroverband seit 2009 Professor für Bürgerliches Recht und Wirtschaftsrecht an der Adam-Ries Fachhochschule in Erfurt und Rechtsanwalt in Berlin. Seine Tätigkeitsschwerpunkte liegen im Gesellschafts-, Bank- und Sparkassenrecht.

Dr. Daniel Weiß, LL.M. (Univ. Chicago)

Dr. Daniel M. Weiß ist seit 2005 als Partner bei Hengeler Mueller in den Bereichen Bank- und Finanzrecht, Kapitalmarktrecht sowie Restrukturierung und Insolvenz tätig. Seine Tätigkeit umfasst vornehmlich die Beratung von Banken und Unternehmen zu Finanzierungen und Anleihen unterschiedlichster Art sowie die Rechtsberatung in Sanierungs- und Restrukturierungssituationen.

Hannes Schneider

§ 1 Ist das SchVG noch zu retten?[1]

Inhaltsverzeichnis

I. Übersicht

Was sich wie eine Provokation anlässt, ist eher eine zeitgemäße Frage.

Um es gleich zu sagen: Ich sehe die Kapitalmarkttauglichkeit und die Wettbewerbsfähigkeit des Gesetzes und damit dessen Akzeptanz bei den Anwendern als *gefährdet* an. Das Gesetz findet – von den zwingenden §§ 2 bis 4 abgesehen – nur Anwendung, wenn es von den Emittenten gemäß der **Opt-in-Regelung (§ 5 Abs. 1 S. 1)** in den Anleihebedingen berufen wird. Sehen die Anwender die Regelungen über die Änderung der Anleihebedingungen und den Treuhänder nicht – nicht mehr – als vorteilhaft an, wählen sie das Gesetz ab. Sei es, dass sie es nicht berufen. Sei es, dass sie ein fremdes Recht berufen, etwa das englische, welches in ihrer Sicht die vom Schuldverschreibungsgesetz angestrebten Zwecke angemessener und besser erreicht. Eine solche Abwendung von dem Gesetz geschähe vermutlich nicht über Nacht, sondern in einem länger währenden Prozess.

---

1 Herrn Professor Baums danke ich für die ehrenvolle Vortragseinladung. Ich gehe in diesem Beitrag von meinem Redemanuskript vom 28. Juni 2012 aus, begründe allerdings ausführlicher, was wegen der zeitlichen Vorgabe nur verkürzt gesagt werden konnte. Die Hinweise sind nicht umfassend und beziehen sich oftmals auf eine bereits fertiggestellte Arbeit mit weiterführenden Hinweisen. Im streitbaren Diskurs stehen nicht Namen, sondern Meinungen im Vordergrund.

Von dem verunglückten Anfechtungsrecht des § 20 abgesehen: Das Gesetz erfüllt im Großen und Ganzen seine angestrebten Zwecke und die Bedürfnisse der Praxis. Das Gesetz ist ein **Meilenstein im deutschen Anleiherecht** nach der über hundertjährigen Geltung des alten Schuldverschreibungsgesetzes – dessen Existenz weithin in Vergessenheit geraten war. Das Gesetz schafft auch den angestrebten Anschluss an das englische und amerikanische Recht – und kann damit im Wettstreit der Rechte bestehen. Dies alles ist mit dem Vorbehalt gegenüber dem Anfechtungsrecht gesagt.

Es ist eine kluge Entscheidung des Gesetzgebers, es den Emittenten zu überlassen, ob sie in Anwendung der Opt-in-Regelung (§ 5 Abs. 1 S. 1) ihre Anleihen den Bestimmungen des Gesetzes unterwerfen wollen. Das Gesetz unterliegt damit einem **fortdauernden Eignungstest**, ob es seinen angestrebten Zwecken, den Bedürfnissen der Praxis und seinem Ziel, auch international wettbewerbsfähig zu sein, gerecht wird. Solange es diesen Test besteht, findet es nicht nur Akzeptanz, sondern es steht auch seine Kapitalmarkttauglichkeit und Wettbewerbsfähigkeit außer Frage. Das eine bedingt das andere.

Das Gesetz wird derzeit noch von den Anwendern akzeptiert.

Die Emissionsprogramme deutscher Emittenten unterstehen heute deutschem Recht, von zahlenmäßig vernachlässigbaren Ausnahmen abgesehen. Das war anfangs anders: Sie unterlagen englischem Recht, vereinzelt auch dem New Yorker Recht. In einer repräsentativen Anzahl von Emissionsprogrammen deutscher und österreichischer Emittenten optieren rund 2/3 der Programme für das Gesetz. Das ist ein gutes Ergebnis. High Yields deutscher Emittenten unterlagen vor dem SchVG ausnahmslos dem New Yorker oder dem englischen Recht. Seither ringt das deutsche Recht auch hier um Geltung; der Durchbruch aber ist noch nicht ganz geschafft.

Die Bedrohung der Akzeptanz des Gesetzes kommt aus zwei Richtungen.

Einmal aus bedenklicher Gesetzesauslegung und -anwendung in **Literatur**, **Rechtsprechung** und selbst beim **Gesetzgeber** – auch letzteres ist möglich.

Zum anderen aus dem Anfechtungsrecht gegen Gläubigerbeschlüsse und der damit verbundenen Kassation des fehlerhaften Beschlusses. Das dem Aktienrecht entlehnte Anfechtungsrecht ist im Schuldverschreibungsrecht **konzeptionell verfehlt.** Das Interesse des überstimmten Gläubigers ist auf Vermögensschutz gerichtet, nicht auf Vernichtung des Beschlusses. Der Gesetzgeber sollte an die Stelle des Anfechtungsrechts einen verschuldensunabhängigen Anspruch des dissentierenden Gläubigers auf **Wertersatz** setzen, der im Wege der Leistungsklage zu verfolgen ist[2].

---

2 Siehe dazu unten S. 21 f.

Es erweist sich darüber hinaus als geboten, ergänzend eine **Nichtigkeitsklage** einzuführen, die die Kassation des Beschlusses bei ungewöhnlich gravierenden Rechtsverstößen ermöglicht. Diese Rechtsverstöße sollten im Wege des *numerus clausus* abschließend bestimmt sein. Hinzu kommen müssten gesetzliche Vorkehrungen, die den Missbrauch einer solchen Klage erschweren[3].

II. Gefährdung der Akzeptanz des Gesetzes in Literatur, Rechtsprechung und Gesetzgebung

1. Nichtigkeitsklage neben Anfechtungsklage?

Das Gesetz sieht neben der Anfechtungsklage eine Nichtigkeitsklage nicht vor. Auch die Gesetzesbegründung verliert über die Nichtigkeitsklage kein Wort. Gleichwohl wird in der bisherigen Literatur durchweg angenommen, dass Gläubigerbeschlüsse *ipso iure* nichtig sind, wenn sie an derart schwerwiegenden Mängeln leiden, dass ihnen jede Rechtswirkung versagt bleiben muss.[4]

Man könnte meinen, dass es sich um ein eher theoretisches Thema handelt. Die Wirklichkeit indes hat schnell eine solche Einschätzung getrogen. Gläubiger, die im Falle Q-Cells[5] mit einer Anfechtungsklage wegen Ablaufs der Monatsfrist zu spät kamen, haben – gestützt auf diese Lehrmeinungen – die Gläubigerbeschlüsse mit einer Nichtigkeitsklage angegriffen, in der Regel nicht um die Feststellung der Rechtswidrigkeit der Beschlüsse, sondern gegen das Angebot der Rücknahme der Klage erkleckliche Summen zu erstreiten. Das Landgericht Frankfurt[6] hat diesem Vorgehen jenseits der Schamgrenze in einer unveröffentlichten Entscheidung einen Riegel vorgeschoben, aufgrund eines überzeugenden Schriftsatzes, den sich das Gericht durch wörtliches Zitat seitenweise zu eigen gemacht hat, und der darlegt, dass es nach den Regelungen des Gesetzes eine Nichtigkeitsklage nicht gibt.

Die Regelungen des Gesetzes sind unmissverständlich: Neben der Anfechtungsklage gibt es – anders als im Aktienrecht – keine spezielle Nichtigkeitsklage

---

3 Siehe dazu unten S. 23 f.

4 Nachweise bei *Bliesener/Schneider* in Langenbucher/Bliesener/Spindler, Bankrechts-Kommentar, Kapitel 17, § 20 Rn. 9.

5 Freigabeverfahren gemäß § 20 Abs. 3 der Q-Cells International Finance B.V. Vgl. etwa LG Frankfurt am Main, Beschluss vom 23.1.2012 – Az. 3-05 O 142/11, ZIP 2012, 474.

6 Urteil vom 23.2.2012 – Az 3-05 O 66/12.

und auch keine allgemeine Klage auf Feststellung der Nichtigkeit nach § 256 ZPO. Das SchVG differenziert nicht, anders als das Aktiengesetz in sorgfältiger Präzisierung, zwischen zwei unterschiedlichen Klagearten.

Die Anfechtungsgründe des § 20 – Verletzung des Gesetzes oder der Anleihebedingungen – erfassen auch alle denkbaren Nichtigkeitsgründe. Vor diesem Hintergrund ist ohne präzise Vorgaben, *welche* Gesetzesverstöße als Nichtigkeitsgründe anzusehen sind, eine Differenzierung zwischen Anfechtungs- und Nichtigkeitsgründen nicht möglich. Das Aktienrecht nimmt diese Differenzierung in großer Sorgfalt vor und sieht Nichtigkeitsklagen nur in den in §§ 241, 250, 253 und 256 AktG spezifisch geregelten Fällen vor. Bei der weitreichenden Übertragung der aktienrechtlichen Bestimmungen über die Anfechtung von Hauptversammlungsbeschlüssen auf die Anfechtung von Gläubigerbeschlüssen im SchVG und der eingehenden Regelung der Nichtigkeit von Hauptversammlungsbeschlüssen im Aktiengesetz kann das Absehen des SchVG von jeder Befassung mit der Nichtigkeit von Gläubigerbeschlüssen nicht anders verstanden werden als **klare Absage des Gesetzgebers an Nichtigkeitsklagen** im SchVG. Der Gesetzgeber hat das SchVG nicht ungewollt lückenhaft konzipiert oder eine Regelung der Nichtigkeitsklage im SchVG ungewollt versäumt, sondern bewusst und gewollt eine **Richtungsentscheidung** für nur eine Klageart im SchVG getroffen. Eine entsprechende Anwendung etwa des § 249 AktG oder anderer (welcher?) aktienrechtlicher Nichtigkeitsnormen kommt damit für das Schuldverschreibungsgesetz nicht in Betracht.

Die Devise in der Auslegung und Anwendung des Gesetzes sollte nicht lauten, das Gesetz ohne zwingenden Anlass mit ungesicherten Rechtsfragen zu befrachten. Sie sollte sein, Anwendungsverlässlichkeit dort zu finden und zu bejahen, wo das Gesetz sie bereit hält – hier wie in anderen Fällen.

Es ist weder sach- noch interessengerecht, der Richtungsentscheidung des Gesetzgebers entgegen zu treten, und ohne Not eine zweite Klageart anzuerkennen, die ungeregelt ohne irgendwelche gesetzlichen Vorgaben geblieben ist. Dem vom Gesetzgeber verfolgten Zweck, dem Gesetz durch Anwenderfreundlichkeit breite Anwendung zu sichern, wird damit ein Bärendienst erwiesen, Missbrauch wird ermuntert, und die Kapitalmarkttauglichkeit und Wettbewerbsfähigkeit des Gesetzes wird beschädigt.

2. Beschlusskontrolle nach aktienrechtlichem Vorbild?

Ein Gläubigerbeschluss darf nicht gegen die im Gesetz ausdrücklich bestimmten Einschränkungen der Entscheidungsfreiheit der Gläubiger verstoßen. Das sind das **Gleichbehandlungsgebot** (§ 4 Satz 2, § 5 Absatz 2 Satz 2) und das **Verbot der**

Verpflichtung zur Leistung (§ 5 Absatz 1 Satz 3). Verstöße dagegen sind nichtig. Die Nichtigkeit des Beschlusses ist mit der Anfechtungsklage binnen Monatsfrist geltend zu machen.

Die bisherige Literatur zum SchVG bejaht mit beachtlichen Stimmen, dass Gläubigerbeschlüsse darüber hinaus einer weitergehenden allgemeinen Inhaltskontrolle unterliegen.[7] Dies wird im Kern damit begründet, dass die Gläubigermehrheit einer **treuhänderischen Bindung** unterliegt. Vertreter dieser Meinung rekurrieren auf eine Bestimmung des alten SchVG, wonach Mehrheitsbeschlüsse nur dann verbindliche Kraft entfalten, wenn sie **„zur Wahrung der gemeinsamen Interessen der Gläubiger"** gefasst werden. Das neue SchVG hat sich von diesem Prinzip des alten Gesetzes abgekehrt. Trotzdem wird vertreten, dass inhaltliche Beschlusskontrolle am Maßstab dieses Prinzips vorzunehmen ist.[8] Andere leiten aus diesem Prinzip des alten Rechts ab, das im Schuldverschreibungsgesetz die **„ungeschriebenen Grundsätze" der materiellen Beschlusskontrolle des Aktienrechts** gelten.

Letzteres führt zu der Ansicht, dass die beschlossene Maßnahme allen Gläubigern *objektiv nützlich* sein muss oder diesen Nutzen anstreben muss, dass sie *geeignet und erforderlich* sein muss, dass mit dem Beschluss angestrebte Ziel zu erreichen und dass sie überdies *verhältnismäßig* sein muss, dergestalt, dass die Vorteile der Maßnahme die Nachteile der Gläubiger, die mit dem Eingriff in ihre Rechte verbunden sind, überwiegen.

Die Einführung aktienrechtlicher Prinzipien materieller Beschlusskontrolle in das Schuldverschreibungsrecht ist wegen der anderen Regelungssachverhalte des Aktienrechts einerseits und des Schuldverschreibungsrechts andererseits genauso verfehlt und systemwidrig wie die Übertragung der Grundprinzipien des aktienrechtlichen Anfechtungsrechts in das Schuldverschreibungsrecht überhaupt, und zwar aus den gleichen Gründen. Es kann insoweit auf die Ausführungen in Abschnitt III zu den Unterschieden der Zweckrichtung der Anfechtung im Aktienrecht und Schuldverschreibungsrecht verwiesen werden.[9]

Darüber hinaus: Die dargestellte Lehrmeinung bedeutet eine weitreichende *Einschränkung der Entscheidungsfreiheit der Gläubiger*. Eine solche Einschränkung ist dem Gesetz nicht zu entnehmen. Im Gegenteil: Die Analyse des Gesetzes und seiner Hintergründe ergibt, dass der Gesetzgeber den Gläubigern *weitgehende Entscheidungsfreiheit* einräumen will. Die **amtliche Begründung** bringt

7 Vgl. die Nachweise bei *Bliesener/Schneider* (wie Fn. 4), § 20, Rn. 18–20; ferner *Schmidtbleicher* in Friedl/Hartwig-Jacob, FraKomm SchVG, § 6 Rn. 32.

8 *Schmidtbleicher* (wie Fn. 7).

9 Unten Seite 18 f. Dazu auch *Bliesener/Schneider* (wie Fn. 4) § 20 Rn. 18 und 19.

diesen gesetzgeberischen Willen deutlich zum Ausdruck. Sie betont, dass die Gläubiger „*keines übertriebenen Schutzes durch die gesetzliche Einschränkung ihrer Entscheidungsbefugnisse bedürfen*“ und stellt fest, dass deshalb die Gläubiger „*inhaltlich ... in ihrer Entscheidung nach dem neuen Recht ... weitgehend frei*“ sind.[10]

Der gesetzgeberische Wille findet im Gesetz unmissverständlichen Ausdruck.

Die vielfach zitierte Bestimmung in § 1 Abs. 1 des SchVG 1899, auf die sich die hier abgelehnten Ansichten stützen, wonach die Mehrheitsentscheidungen der Gläubiger nur dann verbindliche Kraft entfalten, wenn sie „*zur Wahrung ihrer gemeinsamen Interessen gefasst werden*“, hat das Gesetz bewusst *nicht* übernommen.

In gleicher Weise hat das Gesetz nahezu allen anderen Restriktionen der Entscheidungsfreiheit der Gläubiger, die im SchVG 1899 enthalten waren, die Geltung im neuen Gesetz versagt. Das alte Gesetz – welches für Altanleihen grundsätzlich weiter gilt[11] – erlaubt die „*Aufgabe oder Beschränkung von Rechten der Gläubiger*“ nur zur Abwendung der Insolvenz (§ 11 Abs. 1 Satz 1 SchVG 1899). Derartige Eingriffe in die Gläubigerrechte sind höchstens für drei Jahre erlaubt (§ 11 Absatz 1 Satz 1 SchVG 1899). Sie werden allen Gläubigern gegenüber hinfällig, wenn binnen dieser Frist das Insolvenzverfahren eröffnet wird (§ 11 Abs. 1 Satz 2 SchVG 1899). Ein Verzicht auf Kapitalansprüche ist schlechterdings verboten (§ 12 Abs. 3 SchVG 1899). Diese Beschränkungen der Entscheidungsfreiheit der Gläubiger hat das neue Gesetz ausnahmslos kassiert. Geblieben sind nur das Verbot, die Gläubiger zu Leistungen zu verpflichten (§ 12 Abs. 3 SchVG 1899, § 5 Abs. 1 Satz 3 SchVG) und das Gebot, alle Gläubiger gleich zu behandeln (§ 1 Abs. 3 SchVG 1899, § 5 Abs. 2 Satz 2 SchVG), und – selbstverständlich beansprucht auch hier § 138 BGB universelle Geltung.

Über diese drei Schranken der Entscheidungsfreiheit der Gläubiger hinaus kennt das Gesetz keine weiteren. Es ist das Grundgesetz des SchVG, das die Stimmenmehrheit die Stimmenminderheit überstimmen darf und dass die Mehrheitsentscheidung als Entscheidung der Mehrheit zu respektieren ist. Das Gesetz verlangt nicht, dass die Beschlüsse der Gläubiger zu ihrer Wirksamkeit die „gemeinsamen Interessen“ aller Gläubiger wahren. Es anerkennt, dass Gläubiger (lediglich) individuelle Forderungsrechte an den Schuldner haben, und dass ihr Abstimmungsverhalten durch unterschiedliche persönliche und wirtschaftliche Interessen bestimmt ist und bestimmt sein darf.

---

10 Begr.RegE. SchVG, BT-Drucks. 16/12814, S. 14.

11 § 24 Abs. 1 S. 2 bestimmt, dass – vorbehaltlich eines Opt-in nach § 24 Abs. 2 – das SchVG 1899 weiterhin auf die ihm unterliegenden Inlandsanleihen anzuwenden ist.

Das Anleiherecht kennt keine dem Aktienrecht als Verbandsrecht vergleichbare Treuepflicht eines Gläubigers gegenüber allen übrigen Gläubigern oder gar gegenüber dem Schuldner. Dies ist nicht allein die Folge eines ungeschriebenen allgemeinen Rechtsgrundsatzes. Es findet vielmehr positiven Ausdruck in der Abkehr des Gesetzes von einem Kernprinzip des alten Gesetzes, das die Beschlüsse der Gläubiger der Wahrung der allgemeinen Interessen aller Gläubiger zu dienen haben. Der Befund wird zudem nachhaltig bestärkt durch das Fehlen in § 20 SchVG einer dem § 243 Abs. 2 AktG vergleichbaren Vorschrift. Nach § 243 Abs. 2 Satz 1 AktG kann die Anfechtung eines Hauptversammlungsbeschlusses darauf gestützt werden, *„dass ein Aktionär mit der Ausübung des Stimmrechts für sich oder einen Dritten* Sondervorteile *zum Schaden ... der anderen Aktionäre zu erlangen sucht“*, soweit der Beschluss geeignet ist, diesem Zweck zu dienen. § 20 SchVG fußt in der Bestimmung der Anfechtungsgründe auf § 243 AktG, bis in die Wortwahl. Bei der akribischen Übertragung von aktienrechtlichen Anfechtungsnormen in das SchVG liegt in der fehlenden Übernahme einer dem § 243 Abs. 2 AktG entsprechenden Bestimmung in das SchVG nicht eine versehentliche Unterlassung, sondern eine bewusste Entscheidung des Gesetzgebers. Eine analoge Anwendung des § 243 Abs. 2 AktG verbietet sich mithin.

Das Gesetz respektiert damit auch, dass ein Gläubiger **konkurrierende Interessen** haben mag und sein Abstimmungsverhalten danach richtet. Zu denken ist beispielsweise an den Fall eines Großgläubigers, der an den in finanziellen Schwierigkeiten befindlichen Schuldner außer den Forderungen aus den Schuldverschreibungen eine Darlehensforderung hat, und der zwecks „Aufwertung“ seiner Darlehensforderung mit seiner Stimmenmacht einen Beschluss bewirkt, etwa über einen teilweisen Kapitalverzicht für alle Schuldverschreibungen oder auch über die Nachrangigkeit aller Schuldverschreibungen gegenüber anderen Verbindlichkeiten des Schuldners, die Darlehensverbindlichkeit eingeschlossen. Das Gesetz nimmt auch derartige Konstellationen in Kauf.[12]

Nach allem: Die Maßgaben des Gesetzes zur materiellen Beschlusskontrolle im SchVG spiegeln die in der amtlichen Begründung verlautbarten Intentionen des Gesetzgebers vollauf wider: Die Gläubiger bedürfen „keines übertriebenen Schutzes durch die gesetzliche Einschränkung ihrer Entscheidungsbefugnisse“, und die Gläubiger sind „inhaltlich in ihrer Entscheidung nach dem neuen Recht weitgehend frei“.

Die **Aufrüstung der materiellen Beschlusskontrolle** mit dem dem Schuldverschreibungsrecht unbekannten Konzept der Treuepflicht, der Einführung der „ungeschriebenen Grundsätze“ aktienrechtlicher Beschlusskontrolle in

12 Gegensätzlich *Schmidtbleicher* (wie Fn. 7), § 6 Rn. 32.

das SchVG, der Aufrechterhaltung im SchVG des aufgehobenen Konzepts der Wahrung der gemeinsamen Interessen der Gläubiger und der fehlenden Wahrnehmung, dass das aktienrechtliche Verbot der Verfolgung von Sondervorteilen in das SchVG in bewusster Entscheidung des Gesetzgebers keinen Eingang gefunden hat, all das tut dem Gesetz Abbruch. Die Vielzahl der in die Beschlusskontrolle ohne gesetzliche Grundlage transportierten unbestimmten Rechtsbegriffe muss Anwendern die *eine* Gewissheit vermitteln, nämlich die, dass die Anerkennung von Mehrheitsbeschlüssen der Gläubiger durch dissentierende Gläubiger und durch die Gerichte nicht prognostizierbar ist. Wie beispielsweise wird der Grad der Rücksichtnahme – des Altruismus? – gemessen, den ein Großgläubiger bei seiner Stimmabgabe an den Tag legen muss, damit der Beschluss seiner Treuepflicht gegenüber allen Gläubigern gerecht wird und nicht die gemeinsamen Interessen der Gläubiger verletzt? Wie etwa können Schuldner und Gläubigerkollektiv am Tage der Beschlussfassung Gewissheit erlangen, ob die zu beschließende Maßnahme „objektiv nützlich" und „verhältnismäßig" ist? In solchen Fragen sind Prognosen beschlossen. Die Gläubiger beherrschen die Zuverlässigkeit der Prognosen und deren Eintritt nicht.

3. Opt-in bei Altanleihen ausländischer Emittenten? (OLG Frankfurt zu § 24 Abs. 2 SchVG)

Die Gefahr eines Scheiterns des Gesetzes erhöht sich auch dadurch, dass der rechtlich gegebene Anwendungsbereich des Gesetzes in fehlerhafter Rechtsanwendung eingeschränkt wird. Hier sind zwei Gerichtsentscheidungen zu nennen.

An die erste Stelle gehört der Beschluss des **OLG Frankfurt** vom März 2012 zu § 24 Abs. 2 im Freigabeverfahren Pfleiderer[13].

§ 24 Abs. 2 sieht vor, dass die *„Gläubiger von Schuldverschreibungen"*, welche vor Inkrafttreten des Gesetzes begeben worden sind (im Folgenden als **„Altanleihen"** bezeichnet) mit Zustimmung des Schuldners beschließen können, die Bestimmungen des neuen Gesetzes, wie namentlich die über eine Änderung der Anleihebedingungen, auf die Altanleihe anzuwenden. Die Schuldverschreibungen der Altanleihe müssen die Kriterien der Legaldefinition in § 1 Abs. 1 erfüllen, also *„nach deutschem Recht begebene inhaltsgleiche Schuldverschreibungen aus Gesamtemissionen"* sein. Weitere Anforderungen stellt das Gesetz nicht.

Der Anwendung des § 24 Abs. 2 steht danach nicht entgegen, dass auf die Altanleihe das SchVG 1899 keine Anwendung findet, weil etwa der Emittent seinen

13 Beschluss vom 27.3.2012, ZIP 2012, 725.

Sitz nicht im Inland hat oder andere Voraussetzungen für die Anwendung des SchVG 1899 nicht vorliegen. Der Wortlaut der Bestimmung ermöglicht den Opt-in für deutschem Sachrecht unterstellte Altanleihen sowohl inländischer (im Folgenden „**Inlandsanleihen**") als auch ausländischer Emittenten (im Folgenden „**Auslandsanleihen**").

Diesem auf der Hand liegenden unbestreitbaren Ergebnis einer auf der Legaldefinition „Schuldverschreibungen" fußenden wortgetreuen Auslegung des § 24 Abs. 2 ist das OLG Frankfurt in einer nicht enden wollenden Argumentationskette entgegengetreten und hat entschieden, dass § 24 Abs. 2 nur auf solche Altanleihen angewendet werden kann, die dem SchVG 1899 unterfallen.

Das OLG Frankfurt hat bei Auslandsanleihen in Freigabeverfahren nach dem SchVG Alleinzuständigkeit[14]. Mit einer Änderung seiner Rechtsprechung ist nicht zu rechnen. Jedenfalls kann dies vom Emittenten nicht zuverlässig im vorhinein angenommen werden. Es hat mit dieser Entscheidung die Auslandsanleihen – das Gros der von deutschen Unternehmen nach deutschem Recht vor dem Inkrafttreten des Gesetzes begebenen Anleihen – der Anwendung des § 24 Abs. 2 entzogen und diese für die Praxis so bedeutsame Vorschrift damit in praktische Bedeutungslosigkeit versenkt.

Beklagenswert ist nicht nur dieser Umstand, sondern auch der, dass die Entscheidung eklatant rechtsfehlerhaft ist.

Die Entscheidung enthält keine Gründe, die zwingend oder zumindest mit erheblichem Gewicht die Entscheidung belegen[15]. Das Gegenteil ist der Fall. Die Entscheidung begeht eine Reihe von methodischen Fehlern. Der gravierendste liegt schon im Ausgangspunkt der richterlichen Argumentation: Der Wortlaut wird als zu weitgehend und deshalb für korrekturbedürftig erklärt, indem kurzerhand die Legaldefinition des Begriffs „Schuldverschreibungen" in § 1 Abs. 1 außer Kraft gesetzt wird für den Begriff „Schuldverschreibungen" in § 24 Abs. 2. Dieser methodische Fehler im Ausgangspunkt erlaubt es dem Gericht in der Folge, eine Reihe von Überlegungen anzustellen und jeweils danach zu fragen, was *für* die behauptete „weite" Auslegung des Gesetzes spricht, statt zutreffenderweise danach zu fragen, was *gegen* die durch den Wortlaut begründete „weite" Auslegung spricht, und was es rechtfertigt, die praktisch allein relevante Fallgruppe

---

14 § 20 Abs. 3 S. 3. Seit Inkrafttreten des Gesetzes zur Änderung des BSchuWG vom 13.9.2012, durch den § 20 Abs. 3 SchVG entsprechend geändert worden ist, ist es im Freigabeverfahren zugleich Eingangs- und letzte Instanz. Bis dahin, also auch zum Zeitpunkt seiner Entscheidung vom 27.3.2012, war es auch im Freigabeverfahren Beschwerdeinstanz des Landgerichts Frankfurt.

15 Dazu eingehend *Weiß* in diesem Band S. 26 ff.

der Auslandsanleihen gegen den Wortlaut des Gesetzes von dessen Anwendung auszuschließen.

Der einzige Gesichtspunkt, den das Gericht neben einer Reihe nicht überzeugender Erwägungen zur Systematik des Gesetzes anführt und der gegen die „weite" Auslegung ins Feld geführt werden könnte, ist das „Vertrauen der Gläubiger" einer Auslandsanleihe in die von ihnen erworbene Rechtsposition, die das Gericht in der Unzulässigkeit der Änderung der Anleihebedingungen durch Mehrheitsentscheid der Gläubiger sieht und im wesentlichen mit dem Rechtsschutz für Wertminderungen und dem Grundsatz der Vertragstreue begründet. Kurz gesagt: Die Gläubiger dürfen darauf vertrauen, dass kein Mehrheitsbeschluss gefasst wird, wo er nicht bereits bei Begebung der Anleihe zugelassen war. Was das Gericht dabei jedoch übersieht: Sämtliche Ausführungen des Gerichts, die zur Begründung seiner Auslegung auf „Vertrauen der Gläubiger" gründen, müssten gleichermaßen für die Gläubiger von Schuldverschreibungen nach dem SchVG 1899 gelten. Auch diese dürfen darauf vertrauen, dass – jenseits der im SchVG 1899 nur sehr begrenzt zugelassenen Eingriffe – nicht durch Mehrheitsbeschluss in ihre Rechtsposition eingegriffen wird. Das Gericht könnte dann einen Opt-in-Beschluss nur insoweit und nur in dem Umfang zulassen (was es aber nicht sagt und was auch in § 24 Abs. 2 nicht vorgesehen ist), wie ein Mehrheitsbeschluss unter der begrenzten Beschlusskompetenz der Gläubiger bereits im SchVG 1899 zulässig ist.[16] Dann aber ist der Opt-in-Beschluss überflüssig, weil wegen § 24 Abs. 1 Satz 2 das SchVG 1899 ohnehin weiter gilt und sich an der geltenden Rechtslage folglich nichts ändert. Soweit er aber etwas ändern würde, müsste er – die Auffassung des Gerichts zu Ende geführt – wegen Eingriffs in das „Vertrauen der Gläubiger" unzulässig sein.

Die Entscheidung des Gerichts, den Opt-in Beschluss gemäß § 24 Abs. 2 nur zuzulassen für Schuldverschreibungen, *„die bereits zuvor nach dem SchVG 1899 einem* Mehrheitsentscheid *der Gläubigergemeinschaft zugänglich waren"*, missachtet das gesetzliche Ziel, Altanleihen in den Anwendungsbereich der kollektiven Restrukturierungsmaßnahmen nach dem neuen SchVG einzubeziehen, und macht damit § 24 Abs. 2 zu einer Norm, die keinen Anwendungsbereich hat. Zugleich führt die Entscheidung zu einem Auslegungsergebnis, das sich in Widerspruch setzt zu den tragenden Entscheidungsgründen des Gerichts selbst.

Dabei geht es dem Gericht erkennbar nicht um eine *verfassungskonforme Auslegung* des § 24 Abs. 2, zu der es – um eine Vorlage gemäß Art. 100 Abs. 1 GG an das Bundesverfassungsgericht zu vermeiden – aufgefordert wäre, wenn § 24

16 Vgl. § 11 Abs. 1 und § 12 Abs. 3 SchVG 1899. Dazu *Bliesener/Schneider* in Langenbucher/Bliesener/Spindler, Bankrechtskommentar, Kapitel 17, Einleitung, Rn. 6–8.

Abs. 2 eine *verfassungsrechtlich unzulässige (echte oder unechte) Rückwirkung* entfalten würde. Es entscheidet nicht, ob eine derartige Rückwirkung vorliegt, sondern urteilt der Sache nach, dass § 24 Abs. 2 der Notwendigkeit verfassungskonformer Auslegung enthoben ist, weil die Norm *à tout prix* so zu verstehen ist, wie das Gericht sie auslegt[17].

Von diesen Ungereimtheiten in den Ausführungen des Gerichts im Zusammenhang mit dem Prinzip Vertrauensschutz als dem maßgeblichen Grund für die „enge" Auslegung des § 24 Abs. 2 abgesehen, stößt der Gesichtspunkt des „Vertrauens der Gläubiger" an eine unveränderte Rechtslage an sachliche **Grenzen des Verfassungsrechts**.

Das Verfassungsrecht leitet aus dem Rechtsstaatsprinzip, verankert in Art. 20 Abs. 3 und 28 Abs. 1 GG, Vertrauensschutzmaßstäbe bezogen auf Gesetzesänderungen ab. Das Bundesverfassungsgericht unterscheidet zwischen „echter" und „unechter" Rückwirkung[18]. Eine „echte" Rückwirkung liegt danach vor, „wenn der Gesetzgeber nachträglich in einen abgeschlossenen Sachverhalt ändernd eingreift"[19].

Die **„echte" Rückwirkung** ist grundsätzlich verboten. Sie liegt hier nicht vor. § 24 Abs. 2 findet Anwendung auf Schuldverschreibungen, die im Zeitpunkt des Inkrafttretens zwar begeben, aber noch nicht fällig sind. Die Vorschrift greift also nicht in einen abgeschlossenen Sachverhalt ein[20].

Eine **„unechte" Rückwirkung** liegt vor, „wenn eine Norm auf gegenwärtige, noch nicht abgeschlossene Sachverhalte und Rechtsbeziehungen für die Zukunft einwirkt und damit zugleich die betroffene Rechtsposition nachträglich entwertet"[21]. Die „unechte" Rückwirkung ist grundsätzlich zulässig, weil es keinen generellen Schutz des Vertrauens in den Fortbestand einer bestehenden Rechtslage gibt. Sie ist ausnahmsweise unzulässig, wenn das Vertrauen der

---

17 Hinzuweisen ist hier besonders auf den grundlegenden Beitrag *Baums/Schmidtbleicher*, ZIP 2012, 204, 214 ff., der eingehend und überzeugend darlegt, dass § 24 Abs. 2 und seine Anwendung auf deutschem Sachrecht unterstellte Altanleihen ausländischer Emittenten nicht gegen das verfassungsrechtliche Rückwirkungsverbot und das dadurch in eingeschränktem Maße geschützte Vertrauen der Anleihegläubiger auf den Fortbestand der vor dem neuen SchVG bestehenden Rechtslage verstößt. Der Aufsatz ist aus einem Rechtsgutachten zur Anwendbarkeit des § 24 Abs. 2 auf Altanleihen entstanden, welches dem OLG Frankfurt vorgelegen hat (worauf die Verfasser in der Publikation ausdrücklich hinweisen). Vgl. ferner *Verannemann*/Verannemann § 24 Rn. 1; *Paulus*, EwiR, 259; *ders.*, WM 2012, 1109, 1112 f. Gegensätzlich LG Frankfurt in seinem Beschluss vom 23.1.2012 im Freigabeverfahren Q-Cells (ZIP 2012, 474, 476 f).

18 Siehe *Jarass* in Jarras/Pieroth, GG, 12. Aufl. 2012, Art. 20 Rn. 67.

19 BVerfGE 114, 258, 300.

20 So auch *Baums/Schmidtbleicher* (wie Fn. 17), 215.

21 BVerfGE 123, 186, 257.

Betroffenen schutzwürdiger ist als die mit dem Gesetz verfolgten Gemeinwohlziele[22].

Die verbatim zitierten tatbestandlichen Voraussetzungen einer verfassungsrechtlich relevanten unechten Rückwirkung liegen bei § 24 Abs. 2 aus zwei Gründen nicht vor.

Zum einen wirkt § 24 Abs. 2 – die „Norm" – nicht unmittelbar ein auf noch nicht abgeschlossene Sachverhalte und Rechtsbeziehungen und damit auf die Rechtsposition der Gläubiger von Auslandsanleihen. Die Rechtsposition dieser Gläubiger ändert sich erst durch den Opt-in-Beschluss der (Mehrheits-)Gläubiger, also nicht aufgrund staatlichen Handelns, sondern infolge eines privatrechtlichen Aktes.

Zum anderen *„entwertet"* § 24 Abs. 2 auch nicht die Rechtsposition der Gläubiger von Auslandsanleihen[23]. Die Vorschrift ermöglicht ihnen, nach einem entsprechenden Opt-in-Beschluss mit qualifizierter Mehrheit von 75 % sich des von dem neuen Gesetz bereit gestellten umfassenden Instrumentariums zur Restrukturierung ihrer Schuldverschreibungen und zur Sanierung des Unternehmens ihres Schuldners zu bedienen, um damit dessen Insolvenz zu verhindern und ihre Vermögensposition, wenn nicht in vollem Umfange zu erhalten, so doch jedenfalls vor dem ansonsten drohenden völligen Ausfall oder vor schweren finanziellen Einbußen zu bewahren. § 24 Abs. 2 stattet die Eigentumsrechte der Gläubiger in Gestalt ihrer Forderungen mit zuvor nicht bestehenden *zusätzlichen Rechten* aus, in Gemeinschaft mit der Gläubigermehrheit sichernden Einfluss auf das Schicksal ihrer Forderungen zum Zwecke von deren Erhaltung zu nehmen. Die Eigentumsrechte der Gläubiger von Auslandsanleihen werden nach einem Opt-in-Beschluss zwar formal insoweit berührt, als sie Mehrheitsentscheidungen der „Mitgläubiger" ausgesetzt sind. In ihrem materiellen Wert werden sie jedoch nachhaltig gestärkt. § 24 Abs. 2 begründet *in realiter* keine „Entwertung", sondern eine *„Aufwertung"* der Rechtsposition der Gläubiger. Nicht anders haben es die Gläubiger der Pfleiderer Finance B.V. und der Q-Cells International Finance B.V. gesehen, die sich die Mitwirkungs- und Gestaltungsmöglichkeiten des neuen Gesetzes durch Opt in-Beschlüsse mit Stimmenmehrheiten von mehr als 85 % (im Falle Pfleiderer) und 95 % (im Falle Q-Cells) erschließen und damit den andernfalls unvermeidlichen Weg des Schuldners in die Insolvenz und den Ausfall (oder jedenfalls weitgehenden Ausfall) ihrer Forderungen vermeiden wollten.

---

22 *Jarass* (wie Fn. 16 (Art. 20 Rn. 74). Im Bereich der Eigentumsgarantie des Art. 14 GG sieht das BVerfG zwar die Regeln über die unechte Rückwirkung als durch Art. 14 verdrängt, jedoch ohne dass dies die sachlichen Anforderungen verändert (Jarass (wie Fn. 18), Art. 20 Rn. 75).

23 Siehe dazu auch *Weiß* in diesem Band, S. 26 ff.

Selbst wenn jedoch § 24 Abs. 2 eine unechte Rückwirkung zum Gegenstand hätte, wäre die Rückwirkung zulässig und widerspräche nicht dem Rechtsstaatsprinzip. Eine unechte Rückwirkung eines Gesetzes ist, wie bereits erwähnt, nur ausnahmsweise unzulässig: Wenn das Vertrauen der Betroffenen in den Fortbestand der Rechtslage stärker wiegt als die mit dem die Rechtslage ändernden Gesetz verfolgten Gemeinwohlziele.

Die vom Schuldverschreibungsgesetzes verfolgten Gemeinwohlziele, die sich die Gläubiger von Auslandsanleihen durch die Option des § 24 Abs. 2 zu Eigen machen können, sind zahlreich: die Nutzbarmachung eines modernen Instrumentariums zur Koordinierung von Gläubigerinteressen; die Beseitigung der eingeschränkten Beschlusskompetenz der Gläubiger des alten Gesetzes und die Stärkung der Rechte der Gläubiger durch die Begründung einer weitreichenden Kompetenz zur Anpassung der Anleihebedingungen an veränderte rechtliche, wirtschaftliche oder steuerliche Umstände, die während der Laufzeit einer Anleihe auftreten können; die Anpassung an internationale Entwicklungen auch im Hinblick auf Staatsanleihen; die Verbesserung der Bedingungen zur Finanzierung von Unternehmen durch Aufnahme von Anleihekapital; die Stärkung der internationalen Wettbewerbsfähigkeit des deutschen Schuldverschreibungsrechts durch Begründung eines *level playing fields* mit ausländischen Rechtsordnungen, insbesondere dem englischen Recht und dem Recht des Staates New York; und – nicht zuletzt und von entscheidender Bedeutung im Kontext des Sachverhalts der OLG-Entscheidung – die Bereitstellung eines umfassenden Instrumentariums zur Restrukturierung, Sanierung und Insolvenzvermeidung von Unternehmen, um nachteilige Folgen für den Fortbestand des Unternehmens und seiner Arbeitnehmer, Aktionäre und Gläubiger und – *nicht zuletzt – für sie selbst* zu begrenzen.

Das Gericht sieht nicht die „Segnungen" des Gesetzes. Es spricht sie mit keinem Wort an. Für das Gericht wiegt stärker als die Möglichkeit, auf Auslandsanleihen die Bestimmungen des neuen Gesetzes zur Sanierung des Anleiheschuldners, der Abwendung seiner Insolvenz und – vor allem – der Vermeidung oder Begründung des finanziellen Ausfalls der Anleihegläubiger – anzuwenden, „das schützenswerte Interesse der Anleihegläubiger, die Durchsetzung ihrer Forderungen ganz oder teilweise notfalls in einem Insolvenzverfahren zu erreichen"[24].

Die Entscheidung hat die Fachwelt betroffen gemacht. Sie ist ein Unglück, nicht nur wegen ihrer unmittelbaren weitreichenden Folgen, sondern vor allem auch, weil Emittenten und ihre Rechtsberater sich in ihrem Vertrauen auf eine

---

24 OLG Frankfurt, Beschluss vom 27.3.2012, ZIP 725, 728 li. Spalte.

verständige richterliche Anwendung des Gesetzes getäuscht sehen. Die Entscheidung ist in der Literatur nahezu einhellig auf Ablehnung gestoßen.[25]

Der Gesetzgeber ist aufgerufen, korrigierend einzugreifen, um deutschen Unternehmen das Tor zu einer Restrukturierung ihrer Altanleihen in der Krise wieder zu eröffnen, welches das OLG Frankfurt versperrt hat.

4. Geltung des Gesetzes bei Teilverweisung auf fremdes Recht? (LG Frankfurt zu § 1 Abs. 1 SchVG)

Diverse Entscheidungen des **LG Frankfurt am Main**[26] zu § 1 Absatz 1 SchVG, ebenfalls im Freigabeverfahren Pfleiderer, bestätigen die Gefährdung der Akzeptanz des Gesetzes, die von fragwürdigen Gerichtsentscheidungen ausgeht.

Nach § 1 Absatz 1 findet das Gesetz Anwendung *„auf nach deutschem Recht ... begebene Schuldverschreibungen aus Gesamtemissionen (Schuldverschreibungen)“*. Die umfangreichen Anleihebedingungen der niederländischen Pfleiderer International B.V. waren *in toto* deutschem Recht unterstellt, mit Ausnahme einer Nachrangklausel, die niederländischem Recht unterworfen war. Sie sah im Wesentlichen vor, dass die Forderungen aus den Schuldverschreibungen „im Falle der Liquidation, der Auflösung oder der Insolvenz der Emittentin“ erst nach vollständiger Erfüllung aller vorrangigen Ansprüche bedient werden. Das Landgericht befand, das Gesetz finde keine Anwendung wegen der niederländischem Recht unterworfenen Nachrangklausel.

So mutig diese Entscheidung ist, so offenkundig fehlerhaft ist sie.

Nach § 1 Absatz 1 müssen Schuldverschreibungen deutschem Recht unterliegen, um sich für die Geltung des Gesetzes zu qualifizieren. Das heißt: Das **Wertpapierrechtstatut** muss deutsch sein. Das Wertpapierrechtsstatut entscheidet über den Inhalt, die Entstehung und den Untergang des verbrieften Rechts[27]. Das Wertpapierrechtstatut kann nur *einer* Rechtsordnung zugewiesen werden[28]. Eine Teilverweisung auf ausländisches Recht ändert das Wertpapierrechtstatut nicht, solange die Substanz der im Wertpapier verbrieften Forderung davon nicht

25 *Weiss* in diesem Band, S. 33 mit weiteren Nachweisen in Fn. 29; *Bliesener/Schneider* (wie Fn. 4) § 24 Rn. 6; *Friedl*, BB 2012, 1309; *Lürken*, GWR 2012, 277; *Paulus*, EwiR 2012, § 24 SchVG 1/12, 259; *ders.*, WM 2012, 1109, 1112 f.; *Weckler*, NZI 2012, 477; a.A. lediglich *Leber*, Diss. Tübingen 2012; Zur Thematik grundlegend *Baums/Schmidtbleicher*, ZIP 2012, 204; ebenfalls *Keller*, BKR 2012, 15 (eingehend).

26 Nachweise bei *Bliesener/Schneider* (wie Fn. 4), § 1 Fn. 2 zu Rn. 2.

27 Vgl. statt vieler *Einsele*, Bank- und Kapitalmarktrecht, 2. Auf. 2010, § 7 Rn. 78.

28 RGZ 118, 370, 371, 372; RGZ 126, 196, 200, 206.

betroffen ist[29]. Oder anders ausgedrückt: So lange die Anleihebedingungen in ihrem wesentlichen Inhalt dem *einen* Recht unterstehen.

Wiederum: Eine falsche richterliche Anwendung des Gesetzes – mit bedenklichen Konsequenzen.

Deutsche Unternehmen begeben Anleihen ganz überwiegend über ausländische, vorzugsweise niederländische, Finanzierungstöchter, vornehmlich aus steuerlichen Gründen. Bei solchen Anleihen ist eine Teilverweisung auf das ausländische Recht der Finanzierungstochter durchaus verbreitet. Die Teilverweisung kann „deklaratorisch" oder „konstitutiv" sein. Sie ist deklaratorisch, wenn der Regelungsgegenstand der dem ausländischen Recht unterworfenen Klausel kraft zwingender Normen des fremden Rechts (etwa des öffentlichen Rechts oder des Personalstatuts des Emittenten im Falle der Auflösung, Liquidation oder Insolvenz) der Rechtswahl entzogen ist. Konstitutive Teilverweisungen sind möglich, etwa bei der Einbeziehung von Teilen international gebräuchlicher Regelwerke von allgemeiner Marktgeltung, die nach fremdem Recht konzipiert und in fremder, insbesondere in englischer, Sprache verfasst sind (etwa die Definitionskataloge von Marktorganisationen wie der ISDA). Solche deklaratorischen oder konstitutiven Teilverweisungen auf fremdes Recht berühren das deutsche Wertpapierrechtsstatut nicht, solange die Substanz der verbrieften Forderung davon nicht betroffen ist. – Im Falle Pfleiderer International B.V. war die Nachrangklausel dem deutschen Recht entzogen. Der Regelungsgegenstand der Nachrangklausel, wie sie hier vorlag, bestimmte sich unabdingbar nach dem niederländischen Recht als dem Personalstatut der Emittentin. Es bestand insoweit keine Freiheit der Rechtswahl.

Wenn es so wäre, wie das Gericht geurteilt hat, wäre ausländischen Emittenten, die Anleihen nach deutschem Recht auflegen, die Verweisung auf die zwingenden Normen ihres Heimatrechtes nicht möglich, wollten sie die Vorteile des SchVG nutzen. Da diese Normen auch ohne ausdrückliche Bezugnahme auf ihre Anleihen gelten würden, wären ihnen die Optionen des Schuldverschreibungsgesetzes generell verschlossen. Insbesondere deutsche Unternehmen verlören wichtige Gestaltungsmöglichkeiten, wenn ihre über Finanzierungstöchter im Ausland begebenen Anleihen nicht von der Anwendbarkeit des Schuldverschreibungsgesetzes ausgeschlossen sein sollen. Ihnen böte sich dann nur an, bei ihren Anleihen auf die Geltung des Gesetzes zu verzichten.

Ich frage mich hier wie im Falle der erörterten Entscheidung des OLG Frankfurt, ob es Gerichten gut ansteht, bei ihren Entscheidungen deren Folgen aus den Augen zu verlieren.

---

29 BGHZ 164, 361, 365 f. = WM 2005, 2371.

5. Die Umschuldungsklauseln für Bundesanleihen als gesetzliches Leitbild? (§§ 4a–4k BSchuWG)

Schließlich noch ein fünftes – letztes – Beispiel. Dieses Mal ist es der Gesetzgeber, dem die Gestaltungsfreiheiten des Gesetzes verborgen geblieben sind.

In dem am 2. Februar 2012 unterzeichneten **Vertrag zur Einrichtung des Europäischen Stabilitätsmechanismus (ESM)**[30] haben sich die 17 Staaten des Euro-Währungsgebiets verpflichtet, ab 1. Januar 2013 in ihre neu begebenen Anleihen mit einer Laufzeit von mehr als einem Jahr Klauseln aufzunehmen, die zum Zwecke der Umschuldung eine Änderung der Emissionsbedingungen durch Mehrheitsbeschluss der Gläubiger ermöglichen – Musterbedingungen für Umschuldungsklauseln – *Model Collective Action Clause*[31].

Für die Anleihen des Bundes ist die Umsetzung der Musterbedingungen in einem umfangreichen Gesetzeswerk – den **§§ 4a bis 4k BSchuWG** – geregelt[32]. Nach der Gesetzesbegründung sollen mit diesen Bestimmungen „die wesentlichen Grundgedanken der Umschuldungsklauseln verankert werden". Die Begründung verweist darauf, dass nach der Rechtsprechung des Bundesgerichtshofs Emissionsbedingungen allgemeine Geschäftsbedingungen seien – eine Festlegung, die in der Gesetzesbegründung zum SchVG bewusst vermieden worden ist[33]. Die §§ 4a bis 4k BSchuWG übernähmen „somit die Funktion eines Leitbildes, das die wesentlichen Inhalte der unter den Euro-Staaten abgestimmten Umschuldungsklauseln nachzeichnet"[34].

Das Gesetzeswerk der §§ 4a bis 4k BSchuWG ist *überflüssig*. Zur Umsetzung der *Model Collective Action Clause* hätte es ausgereicht, die Klausel mit etwa notwendigen und zweckmäßigen Anpassungen in die Emissionsbedingungen des Bundes aufzunehmen. Eine solche Handhabe hätte der Praxis des Bundes bei zwei früheren Währungsanleihen entsprochen. Im Übrigen, anders als die Gesetzesbegründung ausführt, kommt der Regelung der §§ 4a bis 4k BSchuWG keine Leitbildfunktion im AGB-rechtlichen Sinne zu. Eine solche Leitbildfunktion hat das SchVG, nicht nur allgemein, sondern auch für die Umsetzung der Umschuldungsklauseln der Euro-Staaten.

---

30 Vertrag vom 2. Februar 2012 zur Einrichtung des Europäischen Stabilitätsmechanismus, BGBl. II 981.

31 Wegen Einzelheiten siehe *Bliesener/Schneider* (wie Fn. 4) Einleitung Rn. 34–37, § 1 Rn. 45–50.

32 Gesetz zur Änderung des Bundesschuldenwesengesetzes vom 13. September 2012, BGBl. I, 1914.

33 Vgl. *Bliesener/Schneider* (wie Fn. 4) § 3 Rn. 50. Dort (in Fn. 43) auch weitere Nachweise.

34 Begr.RegE 17/9049, S. 1 f.

Nach § 1 Abs. 2 gilt das SchVG u.a. nicht für die Anleihen des Bundes, und die anderen in § 1 Abs. 2 aufgeführten Personen der öffentlichen Hand. Die Bestimmung errichtet für diese Personen **kein Verbot**, Regelungen des Gesetzes in Anleihebedingungen zu übernehmen. Anleihen dieser Personen sind vielmehr von den Regeln des Gesetzes **freigestellt**[35]. Die Anleihen solcher Emittenten können sich die Bestimmungen des Gesetzes ganz oder teilweise zu Eigen machen. Sie können die weitreichenden Gestaltungsmöglichkeiten ausschöpfen, die das Gesetz in den §§ 5, 7 und 8 vorsieht. Sie können grundsätzlich auch Gegenstand und Durchführung der Gläubigerbeschlüsse sowie Regelungen über den gesetzlichen Vertreter abweichend vom Gesetz regeln. Das SchVG hat eine Grundlage für die Organisation und Vergemeinschaftung individueller Forderungsrechte einer Vielzahl von Gläubigern geschaffen. Mit dem danach bestehenden Leitbild entfallen für die Anleihen der vom Gesetz freigestellten Emittenten grundsätzliche rechtliche Bedenken gegen kautelarische Gestaltungen der Organisation und Vergemeinschaftung von Anleihegläubigern und der damit einhergehenden Möglichkeit zu weitgehenden Eingriffen in Individualrechte, die vor dem Inkrafttreten des Gesetzes wegen des Fehlens einer einschlägigen gesetzlichen Grundlage im Hinblick auf die allgemeinen Ordnungsprinzipien des Schuldrechts und die speziellen Anforderungen des AGB-Rechts bestehen mussten[36].

Dies wird durch die *Praxis des Bundes* bestätigt, der von den danach bestehenden Gestaltungsmöglichkeiten in den beiden US-Dollar-Anleihen, die er bislang begeben hat, Gebrauch gemacht hat[37].

Die dargelegte Rechtslage, bestätigt durch die Praxis des Bundes, hätte es erlaubt, die *Model Collective Action Clause* mit etwa notwendigen und zweckmäßigen Anpassungen durch bloße Aufnahme in die Emissionsbedingungen des Bundes Geltung zu verschaffen.

Den Bestimmungen der § 4a bis 4k BSchuWG kommt, anders als es die amtliche Begründung zum Ausdruck bringt, auch *keine Leitbildfunktion* zu. Sie stehen unter einem ausdrücklichen Änderungsvorbehalt (§ 4a Satz 3 BSchuWG), sie enthalten eine nur für Bundesanleihen geltende Spezialregelung, und schließlich können sie im Anwendungsbereich des SchVG keine Geltung beanspruchen, weil allein dessen Bestimmungen anzuwenden sind.

Nach allem sind selbst dem Gesetzgeber bei dem Gesetzeswerk der §§ 4a bis 4k BSchuWG die Möglichkeiten entschwunden, die das SchVG bietet, und das trotz vorheriger Nutzung dieser Möglichkeiten.

---

35 *Bliesener/Schneider* (wie Fn. 4), § 1 Rn. 40, 41 mit weiteren Nachweisen in Fn. 43 daselbst.

36 *Bliesener/Schneider* (wie Fn. 4), Einleitung Rn. 10; § 1 Rn. 40, 41.

37 *Bliesener/Schneider* (wie Fn. 4), § 1 Rn. 42.

III. Gefährdung der Akzeptanz des Gesetzes wegen Malfunktion des Anfechtungsrechts

Das SchVG regelt den Rechtschutz gegen fehlerhafte Gläubigerbeschlüsse in enger Anlehnung an die aktienrechtliche Anfechtungsklage gegen Beschlüsse der Hauptversammlung. So entsprechen die Anfechtungsgründe, die Anfechtungsbefugnis, die Anfechtungsfrist und die Formalien der Anfechtungsklage weitgehend den aktienrechtlichen Vorgaben. Das gilt auch für das Freigabeverfahren.

Die Übertragung der Rechtschutzmechanismen des Aktienrechts in das Schuldrecht ist wegen der Unterschiedlichkeit der grundlegend anderen Regelungssachverhalte im Aktienrecht einerseits und im Schuldrecht – Anleiherecht – andererseits **konzeptionell verfehlt**[38].

Aktienrecht ist Verbandsrecht, Anleiherecht ist Schuldrecht. Der Aktionär hat Mitgliedschaftsrechte und Treuepflichten. Das Beschlussmängelrecht des Aktiengesetzes dient der Sicherung der zentralen Strukturelemente der Aktiengesellschaft und ihrer Unternehmensverfassung gegen Beeinträchtigungen durch Aktionärsbeschlüsse, der Kontrolle der Organe der Gesellschaft, der Sicherung der Rechtmäßigkeit der Wahl der Aufsichtsratsmitglieder, der Durchsetzung rechtmäßiger Zustände bei der Beschlussfassung über Maßnahmen der Kapitalbeschaffung oder der Kapitalherabsetzung, über einen Unternehmensvertrag, eine Eingliederung, den Ausschluss von Minderheitsaktionären und so fort. Dem Anleiherecht ist dies alles fremd. Es ist gekennzeichnet durch ein reines Gläubiger-/Schuldner-Verhältnis, gerichtet auf Leistung von Geld oder nach Geldes Wert bemessenen Gütern (wie Edelmetalle oder Wertpapiere). Die Gläubiger sind untereinander nicht mitgliedschaftlich verbunden, ihnen obliegen keine Treuepflichten. Mitgliedschaftrechtliche Kontrollrechte entfallen für sie. Sie haben eine persönliche Forderung an den Schuldner. Was sie beanspruchen dürfen ist **Vermögensschutz**. Dies allein ist interessengerecht und schutzwürdig.

Mit der Übertragung der Rechtschutzmechanismen des Aktienrechts in das Anleiherecht werden Wertungen übertragen, die dem Schuldrecht fremd sind. Das führt zu Unstimmigkeiten und Ungewissheiten in einem Bereich, in dem es schon wegen der Milliarden-Volumina, um die es insbesondere bei der Restrukturierung von Anleihen oftmals geht, Gewissheit und Zuverlässigkeit – auch der Prognose – herrschen müssen. Der Sinn der gerichtlichen Kontrolle von Mehrheitsbeschlüssen der Gläubiger besteht nicht *allein* darin, Rechtschutz zu gewäh-

---

38 Vgl. die fundierte Kritik *Schmidtbleicher*, Die Anleihegläubigermehrheit, 2010, 210 ff., 318 f.

ren, sondern auch darin, ihn einzugrenzen und zu kanalisieren und dadurch *Rechtssicherheit* für die Beteiligten, Schuldner und Gläubiger, zu schaffen[39]. Es ist deshalb nicht angebracht, auch im Anleiherecht wie im Aktienrecht einzelnen von der (qualifizierten) Mehrheit der Gläubiger überstimmten Gläubigern die Möglichkeit der **Kassation** des Mehrheitsbeschlusses einzuräumen, oftmals mit verhängnisvollen Folgen für den Fortbestand des Unternehmens des Schuldners, seiner Stakeholder (Arbeitnehmer, Aktionäre, dritte Gläubiger) und – nicht zu übersehen – für die Interessen der großen Mehrheit der Gläubiger, die die Sanierung des Schuldners und die Abwendung seiner Insolvenz wollen, dafür finanzielle Opfer bringen, um ihre Ansprüche aus der Anleihe ganz oder jedenfalls teilweise zu „retten". Die überstimmten Gläubiger erstreiten mit der Kassation des rechtswidrigen Beschlusses etwas, was jenseits ihres Vermögensinteresses liegt, was aber die Interessen der Mehrheitsgläubiger und die der weiteren Betroffenen verletzt. Das Interesse des überstimmten Gläubigers ist gewahrt, wenn das Gesetz ihm statt des Rechts auf Vernichtung des Beschlusses der Mehrheit einen Anspruch an den Schuldner auf Ersatz der durch den Vollzug des fehlerhaften Beschlusses erlittenen Wertminderung seiner Schuldverschreibung einräumt.

Die Übertragung aktienrechtlicher Prinzipien in das Beschlussmängelrecht des SchVG eröffnet überdies dem **Missbrauch** Tür und Tor. Wie bei erstbester Gelegenheit in den Fällen Pfleiderer und Q-Cells zu beobachten, gesellt sich zur Kategorie der „räuberischen Minderheitsaktionäre" die Kategorie der „räuberischen Minderheitsgläubiger" mit dem gleichen Geschäftsmodell. Dabei ist bei Sanierungsbeschlüssen das Erpressungspotential wegen der Eilbedürftigkeit des Vollzugs des Beschlusses bei drohender Insolvenz des Schuldners regelmäßig ungleich größer als bei aktienrechtlichen Kapitalmaßnahmen, Unternehmensverträgen und dergleichen. Es geht diesen Gläubigern nicht um die Durchsetzung rechtmäßiger Zustände, sondern um lukrative Vorteile gegenüber der großen Mehrheit der Gläubiger. Sie disqualifizieren sich dadurch von vornherein als Kontrollinstanz. Ihre Klagen sind offensichtlich funktionswidrig und rechtsmissbräuchlich.

Ein solcher Tatbestand bedingt die **Sinnentleerung** des Anfechtungsrechts.

Die Einrichtung der Anfechtungsklage (ebenso wie die einer Nichtigkeitsklage) und die damit verbundene Möglichkeit, den Mehrheitsentscheid zu Fall zu bringen, bedeutet objektive Rechtmäßigkeitskontrolle der Beschlussfassung auf die Initiative jedes einzelnen überstimmten Gläubigers. Sie misst jedem Gläubiger eine „Polizeifunktion" zur Wahrung des Rechts zu, und erhofft und bezweckt damit, vorbeugend – präventiv – Gläubiger und Schuldner von rechtswidrigen Beschlüssen abzuhalten. Eine solche Einschätzung wird indessen fragwürdig,

39 *Baums* ZBB 2009, 1, 3; *Maier-Reimer* NJW 2010, 1313, 1318.

wenn die Anfechtung nur (im Wesentlichen nur) von solchen überstimmten Minderheitsgläubigern betrieben wird, die gar nicht die Wahrung des Rechts durch eine gerichtliche Entscheidung im Sinn haben, sondern denen es um eine Sonderbehandlung zu Lasten der Gläubigergesamtheit des zu restrukturierenden Schuldners und damit um persönliche Bereicherung geht, während die übrigen in der Minderheit gebliebenen Gläubiger ihren Frieden mit dem Umstand machen, dass sie in der Abstimmung unterlegen sind, und zur Tagesordnung übergehen[40].

Die beschriebenen Umstände sind dem internationalen Anleihemarkt nicht zu vermitteln. Die konkurrierenden Rechte Englands und New Yorks kennen dergleichen nicht[41]. Vielmehr kennen Anleihen unter diesen Rechten differenzierte Gestaltungen, um „*disruptive legal actions*“ einzelner Gläubiger oder organisierter Minderheiten zu verhindern.

Das Gesetz bedarf der Änderung durch die Ersetzung des Anfechtungsrechts mit der möglichen Folge der Kassation des Mehrheitsentscheids durch die Begründung eines verschuldensunabhängigen Anspruchs des dissentierenden Gläubigers an den Schuldner auf Ersatz der durch den Vollzug des Mehrheitsbeschlusses eintretenden Wertminderung seiner Schuldverschreibung[42].

IV. Fazit

Es ist anhand von Beispielen dargelegt worden, dass Literatur und Rechtsprechung eine **Tendenz** zeigen, das neue **Gesetz mit Anforderungen zu überfrachten**, die keinen Ausdruck darin gefunden haben und die in der Folge die Bereitschaft der Marktteilnehmer riskieren kann, sich für die Anwendung des Gesetzes zu entscheiden. Kommentatoren und Gerichte sind ungehindert, ihre Rechtsauffassungen frei zu bilden und zu äußern und – im Falle der Gerichte – auch durchzusetzen. Auch wenn gerichtliche Entscheidungen, wie die des LG und OLG Frankfurt in den Fällen Pfleiderer und Q-Cells, Erwartungen in eine verständige Anwendung des Gesetzes enttäuschen, und sie mit guten Gründen als fehlerhaft

---

40 Für das aktienrechtliche Beschlussmängelrecht stellen *Bayer/Hoffmann/Sawada*, ZIP 2012, 897, 910 zum Prozessverhalten der „Berufskläger“ fest, dass sich mit der „Rechtsmissbräuchlichkeit der offensichtlich funktionswidrig erhobenen Klagen und damit zugleich deren Unbegründetheit ... auch rechtstatsächlich die rechtstheoretisch sinnvolle und von der traditionellen Auffassung stets als wichtig eingeschätzte präventiv-verhaltenssteuernde Wirkung erledigt“.

41 Vgl. *Schmidtbleicher* (wie Fn. 33), S. 298 für das anglo-amerikanische Recht, S. 312 f. für das englische Recht.

42 Einzelheiten dazu unten S. 21 f.

bezeichnet werden dürfen, sind sie Teil der Rechtsentwicklung und – wie die Praxis zeigt – unvermeidlich.

Unvermeidlich ist aber auch, dass das Gesetz durch diese Tendenzen an Konturen und Bestimmtheit seiner Regeln einbüßt und damit Unsicherheiten in der Anwendung des Gesetzes bedingt sind, wo Bestimmtheit der Regeln für die Bereitschaft von Emittenten, sich ihnen zu unterwerfen, erwünscht ist. Das gilt für die Anwendung des Gesetzes allgemein und besonders für die Restrukturierung von Schuldverschreibungen, namentlich in der Krisensituation.

Noch erschwerender für die Akzeptanz des neuen Gesetzes als derartige Tendenzen in Literatur und Rechtsprechung wiegt die **Malfunktion des Beschlussmängelrechts**. Anfechtungsklage, Vollzugssperre, Dauer des Freigabeverfahrens und Kassation stellen Mehrheitsentscheidungen der Gläubiger als geeignete Maßnahmen zur Restrukturierung von Schuldverschreibungen in Krisensituationen grundsätzlich in Frage. In der Verbindung mit den dargelegten Tendenzen in Literatur und Rechtsprechung, im Besonderen mit der Überfrachtung der materiellen Beschlusskontrolle mit literarischen Konzepten, die im Gesetz keinen Ausdruck gefunden haben, geht *predictability* eines Restrukturierungsverfahrens weitgehend verloren, und dies umsomehr, als das Gesetz missbräuchlichen Klagen keine Schranken setzt. Die beschriebenen Umstände erlauben Emittenten keine hinreichend zuverlässigen Einschätzungen über Dauer, Verlauf und Ergebnis der Verfahren. Das jedoch ist Voraussetzung dafür, dass sie sich diesen Verfahren anvertrauen. Fehlt es an dieser Voraussetzung, wird es ihnen, ihren Beratern sowie den begleitenden Emissionshäusern geraten erscheinen, sich *gegen* die Anwendung des SchVG und – wenn sie sich der Möglichkeit zur Restrukturierung ihrer Anleihen nicht begeben wollen – *für* ein sich anbietendes fremdes Recht, wie das englische, entscheiden.

1. Notwendigkeit gesetzlicher Änderungen und Klarstellungen

Geboten sind gesetzgeberische Eingriffe.

Obenan steht die **Ersetzung des Anfechtungsrechts** durch einen verschuldensunabhängigen Anspruch des dissentierenden Gläubigers an den Schuldner auf Ausgleich der durch den Vollzug des fehlerhaften Beschlusses eintretenden Wertminderung seiner Schuldverschreibung (**Wertersatzanspruch**)[43]. Der Anspruch ist im Wege der Leistungsklage zu verfolgen, bei der das Gericht inzident die Rechtswidrigkeit des Beschlusses zu ermitteln hat. Neben der Leistungs-

43 Siehe oben Seite 18 f.

klage auf Wertersatz gibt es keine Klage auf Feststellung der Rechtswidrigkeit des Beschlusses. Dafür fehlt ein Rechtsschutzinteresse. Vollzugssperre und Freigabeverfahren entfallen. Die Klage wäre binnen angemessener Frist (einen Monat) nach Bekanntmachung des Beschlusses zu erheben.

Ein solcher Wertersatzanspruch trägt dem schutzwürdigen Interesse des dissentierenden Gläubigers, welches auf **Kompensation und nicht auf Kassation** gerichtet ist, hinreichend Rechnung. Darüber hinaus findet bei der Prüfung der Voraussetzungen des Anspruchs inzident eine materielle und formelle Kontrolle des Beschlusses auf seine Rechtmäßigkeit statt, die wie die Anfechtungsklage eine Präventivfunktion zur Disziplinierung von Schuldner und Gläubigern entfaltet. Auch eine fehlerhafte Gesetzesanwendung ist weniger folgenschwer, wenn es um die Versagung oder Bejahung individueller Zahlungsansprüche geht und nicht um die Vernichtung des Beschlusses mit Wirkung *erga omnes*, mit den damit häufig verbundenen verhängnisvollen Auswirkungen auf den Fortbestand des Unternehmens und die Interessen seiner Stakeholder. Schließlich verlieren auch die „räuberischen Minderheitsgläubiger" durch die Umstellung von Kassation auf Wertersatz den Hebel für ihr rechtsmissbräuchliches Vorgehen.

Über diese vordringliche Reform hinaus sind es zwei weitere gesetzgeberische Interventionen, die in besonderem Maße wünschbar wären.

Es sollte – durch Gesetz oder amtliche Begründung – der geltende Rechtszustand klargestellt werden, wonach sich die **materielle Beschlusskontrolle** ausschließlich auf folgende Gesetzesverletzungen beschränkt: (i) der Beschluss verletzt das Gleichbehandlungsgebot des § 5 Abs. 2 S. 2; (ii) der Beschluss verpflichtet entgegen § 5 Abs. 1 S. 3 die Gläubiger zu Leistungen; (iii) der Beschluss verstößt durch seinen Inhalt gegen die guten Sitten[44]. Die Rechtmäßigkeit des Beschlusses ist dagegen nicht daran zu messen, ob der Beschluss (wie im alten SchVG vorgeschrieben) die Interessen aller Gläubiger wahrt, ob er gegen eine (in Teilen der Literatur behauptete, dem Schuldverschreibungsrecht jedoch fremde) treuhänderische Bindung der Anleihegläubiger untereinander verstößt, oder ob ein Gläubiger mit dem Beschluss (analog § 243 Abs. 2 AktG) Sondervorteile verfolgt[45].

Außerdem sollte die **Möglichkeit des Opt-In gemäß § 24 Abs. 2** in Altanleihen ausländischer Emittenten, die das OLG Frankfurt wegen seiner Monopolkompetenz dauerhaft verschlossen hat, wieder hergestellt werden[46], ebenfalls eine Maßnahme von klarstellendem Charakter.

---

44 Das sind dieselben Gründe, die bei der unten (Seite 23 f.) vorgeschlagenen Einführung einer Nichtigkeitsklage zur Nichtigkeit des angefochtenen Beschlusses aus materiellen Gründen führen.
45 Siehe oben, S. 4 ff.
46 Siehe oben, S. 8 ff.

2. Einführung einer Nichtigkeitsklage

Wie eingangs betont, sollte die Ersetzung der Anfechtungsklage durch einen gesetzlich begründeten Wertersatzanspruch des überstimmten Gläubigers ergänzend begleitet sein durch die Einführung einer **Nichtigkeitsklage**. Zwar ist bei einem auf Vermögensschutz angelegten Wertesystem des Beschlussmängelrechts die Kassation nichtiger Beschlüsse zur Wahrung des Interesses der Minderheitsgläubiger nicht erforderlich. Gleichwohl kann die Rechtsordnung Beschlüsse nicht aufrechterhalten, deren Bestand zu gravierenden Wertungswidersprüchen führen würde. Im Wertesystem eines auf Vermögensschutz ausgerichteten Beschlussmängelrechts trägt die Nichtigkeitsklage jedoch Ausnahmecharakter. Es ist deshalb angemessen, die Nichtigkeitsgründe auf besonders schwerwiegende formelle und materielle Gesetzesverstöße zu beschränken und sie im Wege des *numerus clausus* eindeutig zu bestimmen und einzugrenzen. Sie sollten nur vorliegen, wenn: (i) die Anleihebedingungen kein Opt-in nach § 5 Abs. 1 S. 1 vorsehen; (ii) der Beschluss nicht gemäß §§ 16 Abs. 3 S. 1–3, 18 Abs. 4 S. 3 beurkundet ist; (iii) die Versammlung unter Verstoß gegen § 12 einberufen worden ist; (iv) der Beschluss das Gleichbehandlungsgebot des § 5 Abs. 2 S. 2 verletzt; (v) der Beschluss entgegen § 5 Abs. 1 S. 3 die Gläubiger zu Leistungen verpflichtet; oder (vi) der Beschluss durch seinen Inhalt gegen die guten Sitten verstößt[47].

Die Geltendmachung der Nichtigkeitsklage sollte, wie die gegenwärtige Anfechtungsklage, auf einen Monat befristet sein. Die Nichtigkeit sollte nicht auf andere Weise als durch die Nichtigkeitsklage geltend gemacht werden können.

Die Nichtigkeitsklage wäre in gleicher Weise wie die bestehende Anfechtungsklage dem Risiko **missbräuchlicher Klagen** ausgesetzt. Mit der Geltendmachung der Nichtigkeit geht herkömmlicher Weise das Prinzip einher, die angefochtene Maßnahme grundsätzlich solange nicht zu vollziehen, bis über deren Rechtmäßigkeit abschließend entschieden ist. Es ist jedoch unerlässlich, die schädlichen Auswirkungen zu begrenzen, die eintreten, wenn infolge rechtsmissbräuchlicher Klagen rechtmäßige Beschlüsse wegen einer Vollzugssperre nicht so vollzogen werden können, dass sie ihren Zweck erreichen können. Das gilt umso mehr, als bei fehlerhaften Beschlüssen ausschließlich Vermögensinteressen der Gläubiger auf dem Spiel stehen, deren Durchsetzung ein Verbot der Vollziehung nicht verlangt.

Dem Gesetzgeber stehen mehrere Wege offen, den Missbrauch von Nichtigkeitsklagen einzudämmen und damit von den Gläubigern beschlossene Maßnahmen insbesondere in Krisensituationen nicht dem Scheitern auszuliefern.

47 Ziffern, ii, iii und vi in Anlehnung an § 241 Ziff. 1, 2 und 4 AktG.

So könnte etwa eine **Entscheidungsfrist von drei Monaten** ab Klageerhebung vorgeschrieben werden, wie sie § 20 Abs. 3 S. 4 SchVG durch Verweisung auf § 246a Abs. 3 S. 6 AktG für das Freigabeverfahren bestimmt, mit der Möglichkeit, den Beschluss aufrecht zu erhalten, wenn (analog §§ 249 Abs. 1 S 1, 246a Abs. 2 Ziff. 3 AktG) bei dessen Kassation die Nachteile für den Schuldner, seine Stakeholder und die Gläubiger die Nachteile für den Nichtigkeitskläger (nach freier Überzeugung des Gerichts) überwiegen würden. Das Freigabeverfahren wäre bei einer solchen Regelung entbehrlich. Das Gericht – ein Senat des zuständigen OLG – entschiede in erster und letzter Instanz, mit der Möglichkeit der Rechtsbeschwerde zum BGH im Falle divergierender OLG-Entscheidungen, im Interesse einer einheitlichen Rechtsprechung[48].

Ein anderer Weg, rechtsmissbräuchlichen Klagen zu begegnen, wäre die Einrichtung eines obligatorischen **Zulassungsverfahrens** von kurzer Dauer (z.B. einem Monat), in dem das Gericht anhand gesetzlich normierter Nichtzulassungsgründe (etwa: die Klage ist ohne hinreichende Erfolgsaussichten; das Gericht würde voraussichtlich selbst bei Vorliegen eines Nichtigkeitsgrundes den Beschluss (in Anwendung der bestehenden Regeln für das Freigabeverfahren) aufrecht erhalten; der Beklagte hat Tatsachen glaubhaft gemacht, die nahelegen, dass die Klage rechtsmissbräuchlich ist) über die Zulassung oder Nichtzulassung der Klage entscheidet. Mit der Nichtzulassung würde die Vollzugssperre enden; mit der Zulassung würde sie erst mit der abschließenden Entscheidung enden.

Noch zielführender wäre es, wenn gesetzlich bestimmt würde, dass der Beschluss der Gläubiger auch bei erhobener Nichtigkeitsklage vollziehbar ist, ohne eine rechtskräftige Entscheidung des Gerichts abzuwarten. Dem Kläger bliebe es unbenommen, im Wege einer einstweiligen Verfügung die Untersagung der Vollziehung zu erwirken, sofern die Nachteile der Vollziehung für die Gläubiger (nach freier Überzeugung des Gerichts) die Nachteile überwiegen, die dem Schuldner und seinen Stakeholdern in Folge der Untersagung der Vollziehung drohen.

Vor allem mit der Reform des Beschlussmängelrechts sollte das neue Gesetz endgültig Kapitalmarkttauglichkeit gewinnen und der mit ihm verfolgte Zweck verwirklicht werden, die Rückständigkeit des deutschen Anleiherechts zu beenden und an internationale Standards aufzuschließen. Ohne diese Reform ist zu besorgen, dass sich die Anwender von dem Gesetz verabschieden.

48 Eine Beschränkung der Dauer der Entscheidungsfrist erscheint mit Rücksicht darauf, dass die Nichtigkeitsgründe zahlenmäßig begrenzt und klar definiert sind und im Normalfall deren Vorliegen oder Nichtvorliegen offensichtlich sein wird, als angemessen.

Daniel Weiß[1]

§ 2 Opt-in ausländischer Altanleihen ins neue Schuldverschreibungsgesetz

Inhaltsverzeichnis

I. Vorbemerkungen

Das neue Schuldverschreibungsgesetz (SchVG)[2] hat mit Wirkung vom 5.8.2009 das Schuldverschreibungsgesetz von 1899[3] abgelöst. Ein wesentliches Ziel des Reformgesetzgebers war es, die Restrukturierung von Anleihen und damit die Sanierungen von Unternehmen in der Krise zu erleichtern. Außerdem sollte das deutsche Schuldverschreibungsrecht insgesamt modernisiert und an internationale Standards angepasst werden. Mit dem SchVG ist ein großer Wurf gelungen, der das deutsche Schuldverschreibungsrecht vom Stand des 19. ins 21. Jahrhundert beförderte. Dieser Beitrag befasst sich in kritischer Würdigung der zwischenzeitlich ergangenen instanzgerichtlichen Rechtsprechung mit der Anwendbarkeit des Gesetzes auf Anleihen ausländischer Emittenten, die vor Inkrafttreten des SchVG begeben wurden. Außerdem wird der Frage nachgegangen, ob die bei bestimmten Anleihetypen nicht unüblichen Nebenbestimmungen ausländischen Rechts einer Anwendbarkeit des SchVG entgegenstehen. Dies sind jeweils Themen von hoher praktischer Relevanz wenn man sich vor Augen hält, dass deutsche Unternehmen ihre Anleihen überwiegend unter Einschaltung ausländischer Emissionsvehikel emittieren.

---

1 Ich danke Herrn Ass. jur. Marco Brand für seine wertvolle Mitarbeit.

2 Gesetz über Schuldverschreibungen aus Gesamtemissionen vom 31. Juli 2009, BGBl. I 2009, S. 2512.

3 Gesetz betreffend die gemeinsamen Rechte der Besitzer von Schuldverschreibungen vom 4. Dezember 1899, BGBl. III, Gliederungsnummer 4134-1.

II. Opt-in von Altanleihen

Das neue Schuldverschreibungsrecht sieht in § 24 Abs. 2 SchVG vor, dass Gläubiger von Anleihen, die vor dem 05.08.2009 begeben wurden (sog. Altanleihen), mittels eines qualifizierten Mehrheitsbeschlusses die betreffende Anleihe dem Regime des neuen SchVG unterwerfen können (sog. Opt-in). Damit ist auch für Gläubiger von Altanleihen der Weg eröffnet, von den Möglichkeiten des SchVG Gebrauch zu machen und insbesondere mittels Mehrheitsentscheidung Sanierungsmaßnahmen zu beschließen. In einer viel beachten Entscheidung hat das OLG Frankfurt a. M. die Möglichkeit des Opt-in für Anleihen außerhalb des Anwendungsbereichs des SchVG 1899, d.h. im wesentlichen Anleihen ausländischer Emittenten,[4] generell abgelehnt.[5] Träfe diese Auffassung zu, hätte dies die weitreichende Folge, dass der Bestand der Altanleihen mehrheitlich nicht in den Genuss eines Opt-ins ins neue Recht gelangen kann, da deutsche Industrieunternehmen ihre Anleihen überwiegend unter Einschaltung ausländischer Tochtergesellschaften emittieren.[6] Diese Entscheidung soll im Folgenden näher beleuchtet werden.

1. Auslegung des Wortlauts

Ausgangspunkt für die Auslegung des Anwendungsbereichs des § 24 Abs. 2 SchVG ist dessen *Wortlaut*.[7] In § 1 Abs. 1 SchVG ist der in diesem Zusammenhang bedeutsame Begriff der *Schuldverschreibungen* im Sinne des Gesetzes definiert als „nach deutschem Recht begebene inhaltsgleiche Schuldverschreibungen aus Gesamtemissionen." Diese Formulierung umfasst unstreitig auch Auslandsemissionen, soweit sie deutschem Recht unterliegen[8] und ist der Wortlautauslegung des § 24

4 Im Folgenden beziehen sich die Begriffe Auslands- bzw. Inlandsaltanleihen idR vereinfachend auf Anleihen, die nicht bzw. die dem SchVG 1899 unterfallen, wohl wissend dass auch bestimmte Inlandsaltanleihen nicht unter das SchVG 1899 fallen (z.B. Genussrechte mit Verlustbeteiligung, vgl. OLG Frankfurt a. M., WM 2007, 828).

5 OLG Frankfurt a. M., ZIP 2012, 725 (Pfleiderer); a.A. die Vorinstanz LG Frankfurt a. M., ZIP 2011, 2306, 2308.

6 Vgl. Begr. RegE SchVG, BT-Drucks. 16/12814, Begründung Allgemeiner Teil I.

7 Insoweit übereinstimmend OLG Frankfurt a. M., ZIP 2012, 725. Zum Wortlaut der Norm als Ausgangspunkt der Auslegung vgl. etwa *Larenz*, Methodenlehre, 6. Aufl. 1991, S. 320.

8 *Baums/Schmidtbleicher*, ZIP 2012, 204, 206; *Paulus*, WM 2012, 1109, 1110 ff.; *Simon*, CFL 2010, 159; *Schlitt/Schäfer*, AG 2009, 477, 479; *Podewils*, DStR 2009, 1914; *Lürken*, GWR 2011, 546; *Keller*, BKR 2012, 15, 16; *Horn*, BKR 2009, 446 f.; *ders.*, ZHR 173 (2009), 12, 25.

Abs. 2 SchVG zugrundezulegen. Denn es besteht nach den anerkannten Grundsätzen der Methodenlehre grundsätzlich kein Raum, einem Begriff eine von einer Legaldefinition (bzw. wie die Methodenlehre teilweise formuliert, einem besonderen Sprachgebrauch des Gesetzes) abweichende Bedeutung beizumessen, es sei denn, dies ergäbe sich im Einzelfall aus dem Wortlaut selbst oder aus den Ergebnissen der anderen Auslegungsmethoden.[9] Die Argumentationslast liegt dann jedoch bei demjenigen, der von der Legaldefinition abweichen will. Das OLG Frankfurt a. M. geht demgegenüber davon aus, dass der Wortlaut des § 24 Abs. 2 SchVG „offensichtlich zu weit gefasst" sei, da es nahe liege, dass nicht alle Schuldverschreibungen schlechthin gemeint seien.[10] Indem die Entscheidung eine freie Würdigung des Wortlauts vornimmt, ohne zuvor zu begründen weshalb der gesetzlich vorgegebene Sprachgebrauch im Einzelfall nicht einschlägig ist, erweist sie sich im Ausgangspunkt als methodisch fehlerhaft.[11]

2. Systematik

Im Rahmen der *systematischen Auslegung* ist vor allem das Verhältnis der einzelnen Sätze des § 24 SchVG von Interesse. Dessen erster Absatz bestimmt in Satz 1, dass das Gesetz nicht auf Altanleihen anzuwenden ist; Satz 2 sieht vor, dass das SchVG 1899 auf diese Schuldverschreibungen weiter anzuwenden ist, soweit sich aus Absatz 2 nichts anderes ergibt. Dieser wiederum regelt den Opt-in Beschluss. Aus diesem Zusammenspiel folgert das OLG Frankfurt a. M., dass Abs. 2 als Ausnahme zu Abs. 1 S. 2 konzipiert sei mit der Folge, dass der Opt-in nur für Schuldverschreibungen möglich sei, für die das SchVG von 1899 gegolten habe.[12] Eine kühne Interpretation, wie *Paulus* treffend anmerkte[13], die den § 24 SchVG kräftig gegen den Strich bürstet. Denn es ist vielmehr umgekehrt so, dass § 24 Abs. 1 S. 2 SchVG unter dem Vorbehalt des Abs. 2 steht. Es findet sich in der Formulierung des Abs. 2 kein Hinweis darauf, dass dieser durch Abs. 1 S. 2 eingeschränkt werden könnte. Hieraus folgt systematisch, dass § 24 Abs. 2 SchVG als eigenstän-

9 Vgl. *Larenz*, Methodenlehre, 6. Auf. 1991, S. 320 ff.; *Köbler*, Juristisches Wörterbuch, 14. Aufl. 2007, S. 259, li. Sp. „Legaldefinition"; *Bund*, in: Schäffer/Trifterer (Hrsg.), Rationalisierung der Gesetzgebung, 1. Aufl. 1984, S. 57, 59 ff.; *Rüthers/Fischer/Birk*, Rechtstheorie, 6. Aufl. 2011, Rn. 131a, 202; zur historischen Entwicklung der Legaldefinition ausführlich: *Ebel*, Über Legaldefinitionen, Diss. Tübingen 1973.

10 OLG Frankfurt a. M., ZIP 2012, 725, 726 (Pfleiderer).

11 Im Ergebnis ebenso *Paulus*, EWiR 2012, 259, 260; *ders.*, WM 2012, 1109, 1112.

12 OLG Frankfurt a. M., ZIP 2012, 725, 726 (Pfleiderer).

13 *Paulus*, WM 2012, 1109, 1112.

dige Vorschrift den Opt-in regelt und der Verweis in Abs. 1 S. 2 nur klarstellend besagt, dass der Normbefehl der Fortgeltung des SchVG 1899 nur so lange gilt, wie die Gläubiger keinen Opt-in Beschluss ins SchVG nach Abs. 2 gefasst haben.[14] Abs. 1 S. 2 lässt sich also nichts hinsichtlich des Geltungsumfangs des Abs. 2 entnehmen. Das systematische Argument des OLG Frankfurt a. M. ist auch deshalb wenig überzeugend, weil es unplausible handwerkliche Mängel in der Abfassung des Gesetzes impliziert. Hätte der Gesetzgeber beabsichtigt, mit der Regelung des Abs. 1 S. 2 gleichzeitig die Opt-in Regelung des Abs. 2 auf Altanleihen im Anwendungsbereich des SchVG 1899 zu beschränken, hätte es nahe gelegen beide Vorschriften in einem Absatz zusammenzufassen. Schließlich deutet die gleichlautend formulierte Bezugnahme auf „Schuldverschreibungen, die vor dem 5. August 2009 ausgegeben wurden" darauf hin, dass es sowohl in Abs. 1 S. 1 als auch in Abs. 2 S. 1 um dieselbe Art von Schuldverschreibungen geht. Unzweifelhaft bezieht sich Abs. 1 S. 1 auf *sämtliche* Altanleihen. Denn wollte man die dort angeordnete Nichtanwendbarkeit des SchVG nur auf Inlandsaltanleihen beziehen, würde dies bedeuten, dass Auslandsaltanleihen automatisch, also ohne Opt-in Beschluss, in den Anwendungsbereich des SchVG fielen. Dass dies vom Gesetz nicht beabsichtigt sein kann, liegt auf der Hand. Demzufolge gilt sowohl Abs. 1 S. 1 wie auch der parallel formulierte Abs. 2 für sämtliche Altanleihen.

3. Historische Auslegung

Dies belegt auch die *Gesetzgebungshistorie.* Bereits der RefE 2006 enthielt den heutigen § 24 Abs. 1 S. 1 und 2 SchVG vergleichbare Regelungen, die sich vor der Einfügung des heutigen Abs. 1 S. 2 zweifellos auf sämtliche Altanleihen bezogen. Es ist davon auszugehen, dass die Einfügung des Abs. 1 S. 2 durch den RefE 2008 diesbezüglich keine materielle Änderung verfolgte, sondern vielmehr der Erkenntnis geschuldet war, dass im Zuge der in demselben Gesetz angeordneten Aufhebung der SchVG 1899[15] dessen Fortgeltung für diejenigen Anleihen angeordnet werden musste, die bislang in seinen Anwendungsbereich fielen. Dies wird außerdem durch die Einfügung des Wortes „weiter" im RefE 2008 des § 24 Abs. 1 S. 2 SchVG deutlich. Dieser bestimmt, dass das SchVG von 1899 *weiter* anzuwenden ist, soweit sich aus Abs. 2 nichts anderes ergibt. Hierdurch sollte klargestellt werden, dass § 24 Abs. 1 S. 2 SchVG nur die Fortgeltung des SchVG von 1899

14 *Baums/Schmidtbleicher*, ZIP 2012, 204, 209.
15 Art. 8 des Gesetzes über Schuldverschreibungen aus Gesamtemissionen (BGBl. I, S. 2512).

regeln will für Altanleihen, auf die bereits das SchVG von 1899 anwendbar war.[16] Vor diesem Hintergrund liegt es fern, dieser Vorschrift auch einen (impliziten) einschränkenden Regelungsgehalt für die Opt-in Regelung des Abs. 2 beizulegen.

Die Gesetzesbegründung nimmt im Übrigen keine ausdrückliche Stellung zu dieser Frage. Auf der Grundlage des eingangs beschriebenen methodischen Ansatzes folgt, dass die Gesetzgebungshistorie keine hinreichend aussagekräftigen Indizien enthält, um eine Abweichung von der durch die Legaldefinition – bzw. den besonderen Sprachgebrauch des Gesetzes – vorgegebenen Wortlautbedeutung des Schuldverschreibungsbegriffs zu rechtfertigen.[17] Im Übrigen finden sich in der längjährigen Gesetzgebungshistorie eine Reihe dieses Ergebnis stützender Belege, die in der umfassenden Analyse von *Baums/Schmidtbleicher* vorgelegt wurden und an dieser Stelle nicht wiederholt werden sollen.[18]

4. Teleologische Auslegung

Der Kern der Argumentationsführung des OLG Frankfurt a. M. liegt in der *teleologischen Auslegung*. Das Gericht ist der Auffassung, dass die nachträgliche Einführung des Mehrheitsprinzips für den überstimmten Gläubiger nachteilig sei, so dass es im Rahmen der Auslegung den Gesichtspunkt des Vertrauensschutzes heranzieht um zum Ergebnis zu gelangen, dass Gläubiger von Anleihen außerhalb des Anwendungsbereichs des SchVG 1899 nicht mit einem Opt-in in das Mehrheitsregime des SchVG rechnen mussten.[19] Wollte man diesen Erwägungen folgen, so müsste man zur Vermeidung unüberbrückbarer Wertungswidersprüche auch den Gläubigern der Anleihen, die dem SchVG 1899 unterfielen, den Opt-in verwehren. Denn dieses Gesetz sah bekanntlich Mehrheitsentscheidungen nur in sehr engen Grenzen vor, die keine nennenswerten Sanierungsmaßnahmen zuließen. Nimmt man etwa den Fall eines Opt-ins zwecks anschließender Beschlussfassung über einen Kapitalverzicht oder die Umwandlung von Forderungen in Eigenkapital, so wäre es kaum begründbar, nur das Vertrauen von Inhabern von Auslands-Altanleihen in den Fortbestand der Rechtslage zu schützen, die überhaupt keine Mehrheitsbeschlüsse vorsah, nicht aber dasjenige Vertrauen der

16 Ebenso *Baums/Schmidtbleicher*, ZIP 2012, 204, 208 f.

17 Der Entscheidung des OLG Frankfurt a. M., ZIP 2012, 725, 727 re. Sp., die das Fehlen einer entsprechenden ausdrücklichen Begründung als Beleg dafür heranzieht, dass der historische Gesetzgeber keinen Opt-in für Anleihen wollte die nicht dem Mehrheitsprinzip unterfielen, ist daher auch in diesem Punkt bereits aus methodischen Gründen nicht zu folgen.

18 *Baums/Schmidtbleicher*, ZIP 2012, 204, 206 ff.

19 OLG Frankfurt a. M., ZIP 2012, 725, 727 f.

Inhaber von Inlands-Altanleihen, die auf einen Fortbestand der Zulässigkeit von Mehrheitsentscheidungen in den engen Grenzen des SchVG 1899 vertrauten und damit insbesondere nicht mit einer Mehrheitsentscheidung über derartig weitreichende Sanierungsmaßnahmen rechneten. Die Auffassung des OLG Frankfurt a. M. konsequent zu Ende gedacht, wäre damit ein Opt-in weder für Auslands- noch für Inlandsanleihen möglich.

Zu demselben Schluss führt ein weiteres vom Gericht angeführtes Argument für den Vertrauensschutz, das einen Vergleich zieht zum Regelungsansatz des § 5 SchVG bezüglich Neuanleihen. Dieser ist dadurch gekennzeichnet, es dem Markt zu überlassen ob neu emittierte Anleihen von den Mehrheitsmechanismen des SchVG Gebrauch machen oder nicht. Enthalten deren Anleihebedingungen keine Mehrheitsklauseln, ist folgerichtig die nachträgliche Einführung einer Mehrheitsregelung per Gläubigerbeschluss nicht möglich. Hieraus folgert dass Gericht, wenn Gläubiger von Neuanleihen nicht mit einer nachträglichen Unterwerfung unter eine Mehrheitsregelung rechnen müssten, müsse dies auch für Altanleihegläubiger gelten, deren Schuldverschreibungen nicht unter das SchVG 1899 fielen.[20] Da es jedoch keine überzeugenden Gründen gibt, beim Vertrauensschutz zwischen Gläubigern von Altanleihen zu differenzieren, die innerhalb und außerhalb des Anwendungsbereichs des alten SchVG liegen, stellt man auch mit diesem Argument die Zulässigkeit des Opt-in für Altanleihen insgesamt in Frage. Im Ergebnis impliziert diese Auffassung, dass dem gesetzlichen Opt-in Mechanismus *überhaupt kein* Anwendungsbereich verbliebe, was ersichtlich den Rahmen der einfachgesetzlichen Norminterpretation sprengt.

Hieran schließt sich eine weitere methodische Erwägung: Einen einfachgesetzlichen Auslegungsgrundsatz des Inhalts, dass das Vertrauen der Bürger in den Fortbestand der aktuellen Rechtslage möglichst umfassend zu schützen und demzufolge Änderungen dieser Rechtslage möglichst eng auszulegen seien, gibt es nicht. Der Vertrauensschutz im Zivilrecht findet sich etwa beim gutgläubigen Erwerb oder der Anscheinsvollmacht, betrifft also das horizontale Verhältnis der Zivilrechtssubjekte untereinander und nicht deren Verhältnis zum Gesetzgeber. Der Gesetzgeber ist vielmehr frei, im Rahmen der verfassungsrechtlichen

---

20 OLG Frankfurt a. M., ZIP 2012, 725, 726 f. Der in diesem Zusammenhang außerdem angeführte Grundsatz der Vertragstreue (*pacta sunt servanda*) geht fehl, da dieser das Verhältnis von Vertragsparteien untereinander anspricht, nicht jedoch die hier interessierende Frage einer möglichen Beschränkung der gesetzgeberischen Regelungsfreiheit durch Vertrauensgesichtspunkte.

Grenzen[21] eine Änderung der Rechtslage mit Wirkung für zukünftige und bestehende Rechtsverhältnisse anzuordnen.[22]

Die Heranziehung des Vertrauensschutzes beruht auf der grundlegenden Annahme einer Nachteiligkeit des Opt-in. Diese bleibt einer *formalen* Betrachtung verhaftet, die auf den Verlust eines „Vetorechts" jedes einzelnen Anleihegläubigers abstellt. Richtig ist vielmehr, dass Mehrheitsklauseln weder für die Gläubigergesamtheit noch jeweils für die einzelnen Gläubiger einen *materiellen* Nachteil begründen. In dem umfangreichen wirtschafts- und rechtswissenschaftlichen Schrifttum hat sich ein breiter Konsens herausgebildet, dass die Mehrheitsentscheidung der Anleihegläubiger das vorzugswürdige Verfahren ist, um deren wirtschaftliche Interessen zu koordinieren, diese gegenüber dem Emittenten wahrzunehmen und die typischerweise mit Anleiherestrukturierungen verbundenen Probleme wie rationale Apathie der Gläubiger und Trittbrettfahrerprobleme zu überwinden.[23] Der Mehrheitsmechanismus beschneidet also in keiner Weise die Gläubigerautonomie, sondern sichert diese, indem der die Handlungsfähigkeit der Gläubiger in der Krise überhaupt erst herstellt. Die Gläubiger bleiben frei, einem Restrukturierungsvorschlag des Emittenten zuzustimmen oder diesen abzulehnen und ihre Rechte in einer gegebenenfalls sich anschließenden Insolvenz geltend zu machen.

21 Hierzu *Baums/Schmidtbleicher*, ZIP 2012, 204, 214 ff.

22 Vgl. *Sandrock*, RIW 2012, 429, 440 f. zu dem im Zuge der Umschuldung griechischer Staatsanleihen eingeführten gesetzlichen Mehrheitsmechanismus für bestehende Anleihen griechischen Rechts, der sich dem Vernehmen nach die Opt-in Regelung des § 24 Abs. 2 SchVG zum Vorbild genommen hat.

23 *Vogel*, in: Preuße, SchVG, 2010, § 5 Rn. 11 ff.; *Veranneman*, SchVG, 2010, § 5 Rn. 1; *Baums*, ZBB 2009, 1, 5 f.; *Baums/Schmidtbleicher*, ZIP 2012, 204, 213; *Schmidtbleicher*, Die Anleihegläubigermehrheit, Diss Frankfurt a. M. 2010, S. 59 ff., 65 ff., 73 ff.; *Kusserow*, WM 2011, 1645; *Hofmann/Keller*, ZHR 175 (2011), 684, 699; *Meier/Schauenburg*, CFL 2012, 161 ff.; *Friedl*, BB 2012, 1310, 1311; *Hopt*, in: FS Schwark, 2009, 441, 449; *Schönhaar*, Die kollektive Wahrnehmung der Gläubigerrechte, Diss. Freiburg 2011, S. 72 f.; *Schneider*, Die Änderung von Anleihebedingungen durch Beschluß der Gläubiger, in: Baums/Cahn (Hrsg.), Die Reform des Schuldverschreibungsrechts, 2004, S. 69; *Simon*, Das neue Schuldverschreibungsgesetz, Diss. Köln 2011, S. 129 f.; vgl. auch den Report of the Group of Ten on Contractual Clauses vom 26.9.2002, S. 3 ff., abrufbar unter http://www.bis.org/publ/gten08.pdf; *Heldt*, in: Grieser/Heemann (Hrsg), Bankaufsichtsrecht 2010, S. 838 f.; *Häseler*, Collective Action Clauses in International Sovereign Bond Contracts – Whence the Opposition?, May 2007, passim; in: Robert W. Kolb (Hrsg.): Sovereign Debt: From Safety to Default, S. 235 ff.; *Buchheit/Gulati*, Georgetown-Sloan Project on Business Institutions, 2002, abrufbar unter:http://www.bankofengland.co.uk/publications/Documents/events/conf0207/buchheit_gulati.pdf. Verschiedene empirische Untersuchungen zu Auswirkungen von CACs auf die Verzinsung von Anleihen liegen vor, haben jedoch bislang zu keinen eindeutigen Erkenntnissen geführt, vgl. *Häseler*, aaO, S. 23 ff. m.w.N.; *Hofmann/Keller*, ZHR 175 (2011), 684, 690.

Was die *individuelle* Vor- oder Nachteilhaftigkeit von Mehrheitsklauseln aus der Sicht des überstimmten Minderheitsgläubigers anbetrifft, sind zwei wesentlichen Fallgruppen zu betrachten: Zum einen kann von diesen das Ziel verfolgt werden, Sondervorteile zu erzielen, insbesondere indem sie sich den „Lästigkeitswert" ihrer Opposition gegen den Mehrheitsbeschluss vergüten lassen. Dieses in der Praxis nicht selten anzutreffende Vorgehen sog. „räuberischer Anleihegläubiger" ist nicht schützenswert und für die weiteren Überlegungen unbeachtlich. Zum anderen ist die Fallgruppe der Minderheitsgläubiger vorstellbar, die zu einer von der Mehrheit abweichenden Beurteilung der vorzugswürdigen Handlungsoption gelangt sind und aus diesem Grund gegen den Beschlussvorschlag stimmen. In diesem Fall ist mit dem Schrifttum bei typisierter Betrachtung anzunehmen, dass die Mehrheitsentscheidung die bestmögliche Entscheidung für sämtliche Anleihegläubiger indiziert und damit auch im wohlverstandenen Interesse der überstimmten Minderheit liegt,[24] so dass auch hier keine individuelle Benachteiligung in materieller Hinsicht vorliegt. Außerdem: Einen Vertrauensschutz zu Gunsten der Minderheit gibt es nicht zum Nulltarif, sondern nur unter Inkaufnahme des spiegelbildlichen Nachteils, dass die von der qualifizierten Mehrheit beschlossene Maßnahmen nicht umsetzbar ist. Hält man sich vor Augen, dass Anleiheinhaber schlichte Forderungsgläubiger sind und damit ausschließlich ein rechtlich geschütztes Interesse an der bestmöglichen Erfüllung ihrer Ansprüche haben, sprechen alle Gründe dafür, dem Mehrheitsvotum von Gesetzes wegen den Vorzug zu geben und hierzu die Möglichkeit eines Opt-in-Beschlusses zu eröffnen. Die hiermit verbundenen Belange des Minderheitenschutzes hat der Gesetzgeber erkannt und in der Gesetzesbegründung durch die gesetzlichen Mehrheitsanforderungen, Informationsansprüche sowie den individuellen Rechtsschutz als gewährleistet angesehen.[25]

Für die Eröffnung des Opt-in für sämtliche Altanleihen sprechen schließlich eine Reihe weiterer teleologischer Erwägungen, die an dieser Stelle nur angerissen werden sollen. Der internationale Vergleich zeigt, dass andernorts ebenfalls Mehrheitsmechanismen zur Verfügung stehen, auch wenn diese nicht notwendigerweise im Anleiherecht verortet sind, wie etwa das englische *scheme of arrangement*. Diese können grundsätzlich auch von Emittenten deutschrechtlicher Anleihen in Anspruch genommen werden. In diesem „Wettbewerb der Sanierungsstandorte" ist das deutsche Recht gut beraten, ebenfalls leistungsfähige Mehrheitsverfahren bereitzuhalten. Für ein weites Verständnis der Opt-in-Regelung spricht außerdem das gesetzgeberische Ziel, Unternehmenssanierungen im

24 *Eidenmüller*, Unternehmenssanierung zwischen Markt und Gesetz, 1999, S. 212 f.
25 Begr. RegE SchVG, BT-Drucks. 16/12814, S. 14, 18.

Interesse des Wirtschaftsstandorts sowie der Arbeitnehmer und sonstiger Stakeholder von Krisenunternehmen zu erleichtern.[26] Ferner besteht im Bereich der Staatsanleihen ein öffentliches Interesse daran, durch das Bereitstellen von Mehrheitsmechanismen Gefahren für das internationale Finanzsystem aufgrund eines Staatsbankrotts abzuwenden. An der Korrektur des alten Rechtszustands bestand und besteht schließlich ein erhebliches öffentliches Interesse, da andernfalls die mehrheitlich von Gläubigern angestrebte Restrukturierung von Altanleihen nach deutschem Recht generell an dem praktischen Hindernis scheitern würden, eine Zustimmung sämtlicher Anleihegläubiger einholen zu müssen. Eine enge Auslegung des § 24 Abs. 2 S. 1 SchVG wäre außerdem mit der vom Gesetzgeber verfolgen Zielsetzung unvereinbar, den Anwendungsbereich des SchVG 1899 auf Auslandsanleihen zu erweitern. Er beabsichtigte ausdrücklich, die praktisch häufigen Konstellationen von sog. formal ausländischen Schuldverschreibungen zu erfassen, die von deutschen Unternehmen nach deutschem Recht unter Einschaltung einer Tochtergesellschaft im Ausland emittiert werden.[27] Diesem gesetzgeberischen Ansinnen würde nicht hinreichend Rechnung getragen, wenn Gläubiger solcher Altanleihen die Möglichkeit eines Opt-in verwehrt würde.[28]

Im Ergebnis ist mit der nahezu einhelligen Literaturmeinung[29] festzuhalten, dass der Opt-in ins SchVG auch für im Ausland emittierte Altanleihen zulässig ist, sofern sie deutschem Recht unterworfen sind. Der entgegenstehenden Auffassung des OLG Frankfurt a. M. kann daher nicht gefolgt werden. Da das Gericht über das Zuständigkeitsmonopol für Auslandsanleihen verfügt und erst- wie letztinstanzlich über das Freigabeverfahren entscheidet, ist zu befürchten, dass die Praxis im Falle der Restrukturierung von Altanleihen ausländischer Emittenten

---

26 Begr. RegE SchVG, BT-Drucks. 16/12814, S. 1, 13.

27 Vgl. RegE SchVG, BT-Drucks. 16/12814, S. 13.

28 *Baums/Schmidtbleicher*, ZIP 2012, 204, 210 f.; *Keller*, BKR 2012, 15, 17; *Friedl*, BB 2012, 1309, 1310; *Weckler*, NZI 2012, 480; *Goetker/Keinath*, Legal Tribune Online vom 10.5.2012 (www.lot.de).

29 *Podewils*, DStR 2009, 1914; *Horn*, ZHR 173 (2009), 12, 27 (zu § 25 Abs. 2 SchVG-RefE 2008); *Plank/Lürken*, in: Theiselmann, Praxishandbuch des Restrukturierungsrechts, 2010, Kap. 5 Rn. 74; *Veranneman*, SchVG, 2010, § 24, Rn. 6; *Martin/Bock*, Finance-Sonderbeilage, März 2010, 20; *Dippel/Preuße* in: Preuße (Hrsg.) SchVG, 2011, § 24, Rn. 8; *Tetzlaff*, in: Schimansky/Bunte/Lwowski (Hrsg.) Bankrechtshandbuch, 4. Aufl. 2011, § 88 Rn. 51, 53; *Lürken*, GWR 2011, 546; *Paulus*, WM 2012, 1109, 1112 f.; *ders.*, EWIR 2012, 259 f.; *Baums/Schmidtbleicher*, ZIP 2012, 204 ff.; *Keller*, BKR 2012, 15 ff.; *Weckler*, NZI 2012, 480; *Meier/Schauenburg*, CFL 2012, 161, 166, *Friedl*, BB 2012, 1309; *Lürken*, Handelsblatt v. 10.04.2012; *Goetker/Keinath*, Legal Tribune Online vom 10.5.2012 (www.lot.de); *Bliesener/Schneider*, in: Langenbucher/Bliesener/Spindler (Hrsg.), Bankrechtskommentar, *im Erscheinen*, § 24 SchVG Rn. 6; *Thole*, ZGR 2013, 109, 160; wohl auch *Steffek*, in: FS Hopt, 2010, S. 2597, 2617; a.A. *Leber*, Der Schutz und die Organisation der Obligationäre, Diss. Tübingen 2012, S. 146 ff.

auf das SchVG verzichten und auf alternative Sanierungsverfahren im Ausland ausweichen könnte. Dies wäre nicht nur für den „Sanierungsstandort Deutschland" beklagenswert, sondern widerspräche auch der Absicht des Reformgesetzgebers, die Tendenz zur Wahl ausländischen Rechts durch deutsche Emittenten mittels eines modernen Schuldverschreibungsrechts entgegenzuwirken.[30] Eine zügige gesetzgliche Klarstellung ist daher wünschenswert.[31]

III. Nebenbestimmungen ausländischen Rechts

Das SchVG trifft keine ausdrückliche Regelung zur Frage seiner Anwendbarkeit für den Fall, dass, die Schuldverschreibungen teilweise ausländischem Recht unterliegen. Das OLG Frankfurt a. M. hat diese Frage im Fall *Pfleiderer* offen gelassen,[32] während das LG diese in der Vorinstanz verneint hatte.[33] Im konkreten Fall ging es um die Anleihe eines niederländischen Emittenten, deren Rechtswahlklausel die Anwendbarkeit deutschen Rechts bestimmte, jedoch davon abweichend eine Nachrangklausel und ein Aufrechnungsverbot niederländischem Recht unterstellte. Da es hierbei um den Anwendungsbereich des Gesetzes per se geht, ist diese Frage für sämtliche Anleihen von Relevanz, unabhängig davon ob diese von In- oder Auslandsemittenten bzw. vor- oder nach Inkrafttreten des SchVG begeben wurden.

Das LG Frankfurt a. M. stützte sich in seiner Entscheidung zunächst auf den Wortlaut des § 1 SchVG. Dieser bestimmt, dass das Gesetz für „nach deutschem Recht begebene" Schuldverschreibungen gilt. Das Gericht versteht diese Regelung dahingehend, dass sie eine *ausschließliche* Geltung deutschen Rechts verlange. Für diese, in der Folgediskussion nicht ganz frei von Ironie als „Reinheitsgebot" bezeichnete These gibt der Wortlaut aber ersichtlich nichts her. Auch die vom Gericht angeführten entstehungsgeschichtlichen Belege stützten seine Auffassung nicht,[34] sondern führen eher zum gegenteiligen Schluss, wie der lang-

30 Vgl. BT-Drucks. 16/12814, S. 13.
31 Ähnlich *Goetker/Keinath*, Legal Tribune Online vom 10.5.2012 (www.lot.de).
32 OLG Frankfurt a. M. ZIP 2012, 725, 729 (Pfleiderer).
33 LG Frankfurt a. M., BeckRS 2011, 26939.
34 Ebenso Thole, ZGR 2013, 109, 159. Weder die vom Gericht erwähnte DAV-Stellungnahme Nr. 41/2008 noch die Regierungsbegründung BT-Drucks. 16/12814 äußern sich zur Frage des „Reinheitsgebots".

jährige Wegbegleiter der SchVG-Reform *Keller* bereits zutreffend herausgearbeitet hat.[35]

Die Formulierung „nach deutschem Recht begebene" meint Schuldverschreibungen, deren verbriefte Forderung deutschem Recht unterliegt.[36] In wertpapierrechtlichen Begrifflichkeiten ausgedrückt ist hierbei das Wertpapierrechtsstatut angesprochen, das die Entstehung, den Inhalt und den Untergang des verbrieften Rechts sowie den Wertpapiertypus regelt[37] und in der Regel mittels Rechtswahlklausel in den Anleihebedingungen bestimmt wird. In diesem Zusammenhang stellt sich die Frage, wie das Wertpapierrechtsstatut im Falle der gespaltenen Rechtswahl zu bestimmen ist. Die Rechtsprechung wendet einheitlich deutsches Recht an, wenn die Forderung in ihrer Substanz diesem Recht unterliegt.[38] In einem Fall ging es um eine Teilrechtswahl ausländischen Rechts, die sich auf Währungsklauseln und Bestimmungen über den Zahlungsort bezog. Der BGH entschied, dass diese Vereinbarungen lediglich das Zahlungsgeschäft und nicht die Substanz – d.h. die Begründung und Existenz – der Forderung berührten und wendete daher deutsches Recht für die Frage der Verjährung an.[39]

Bei Zugrundelegung dieser Maßstäbe im Falle einer Rangrücktrittklausel bzw. eines Aufrechnungsverbots nach ausländischem Recht gilt folgendes: Diese Klauseln begründen die Verbindlichkeit aus der Schuldverschreibung nicht, sondern qualifizieren diese lediglich, indem sie ihre Geltendmachung im Insolvenzfall einschränken. Auch wirken sie sich nicht auf den Fortbestand der Forderung aus. Die zentralen Punkte, die das Wertpapierrechtsstatut ausmachen, sind also deutschem Recht unterstellt, so dass sich dieses einheitlich nach deutschem

35 *Keller*, BKR 2012, 15, 16, li. Sp., der auf die Begründung zum Regierungsentwurf hinweist, man wolle – in Abkehr vom SchVG 1899 – „heute weithin übliche Gestaltungen bei denen eine im Ausland ansässige Finanzierungsgesellschaft als Schuldner eingesetzt wird" erfassen. Vor diesem Hintergrund überzeuge es nicht, Anleihen vom Anwendungsbereich des SchVG auszunehmen, wenn sie für eine Nebenbestimmung, etwa eine Nachrangklausel, ausländisches Recht vorsähen.

36 *Oulds*, in: Veranneman, SchVG, 2010, § 1 Rn. 17; *Preuße*, in: Preuße, SchVG, 2010, § 1 Rn. 12 ff.; *Schlitt/Schäfer*, AG 2009, 477, 479; *Leuernig*, NZI 2009, 638, 639; *Horn*, BKR 2009, 446, 447; *Maier-Reimer*, NJW 2010, 1317; *Einsele*, Bank- und Kapitalmarktrecht, 2. Aufl. 2010, § 7 Rn. 86.

37 *Einsele*, Bank- und Kapitalmarktrecht, 2. Aufl. 2010, § 7 Rn. 78. Das Wertpapiersachstatut bestimmt demgegenüber das Rechte *am* Papier, insbesondere die Modalitäten für die Übereignung des Papiers.

38 BGH BKR 2006, 25, 26; vgl. auch RGZ 126, 196, 200, 206 und die Entsch. des ständ. Int. Gerichtshofs in Den Haag vom 12. Juli 1929, Serie A Nos. 20/21.

39 BGH BKR 2006, 25, 26; ähnlich gelagerte Sachverhalte lagen RGZ 118, 370 ff.; 126, 196 ff. zugrunde; zwischen Forderungssubstanz und Zahlungsgeschäft unterscheidet bereits *Lochner*, Darlehen und Anleihe im Internationalen Privatrecht, 1954, S. 48.

Recht richtet. Diese und andere Nebenbestimmungen ausländischen Rechts, die die Substanz einer verbrieften Forderung nach deutschem Recht nicht berühren, stehen also einer Anwendbarkeit des SchVG insgesamt auf die betreffende Anleihe nicht entgegen.

Das LG Frankfurt a. M. hat in diesem Zusammenhang die Besorgnis geäußert, dass ein Eingriff in ausländische Hoheitsrechte vorliegen könnte.[40] Diese Sorge ist unbegründet. Für Verträge ist nämlich anerkannt, dass für deren Änderung ein von dem Ausgangsvertrag abweichendes Vertragsstatut gewählt werden kann. Dies folgt aus dem Prinzip der Freiheit der Rechtswahl (Art. 3 Rom I-VO), das wiederum Ausdruck der Privatautonomie ist.[41] Für Beschlussfassungen der Gläubiger nach dem SchVG über die Änderung von Anleihebedingungen gilt nichts anderes. Hiervon zu unterscheiden ist die Frage, ob eine Teilrechtswahl (dépeçage) innerhalb der Anleihebedingungen zulässig ist. Entsprechend der Regelung des Art. 3 Abs. 1 S. 3 Rom I-VO zu Verträgen ist dies zu bejahen, sofern sich Teilfragen sinnvollerweise unterschiedlichen Rechten unterstellen lassen und dadurch nicht unauflösbare Widersprüche entstehen.[42] Insbesondere bei Rangrücktritts- oder Aufrechnungsverbotsklauseln in Anleihebedingungen liegen in sich abgeschlossene Regelungen vor, so dass diese Voraussetzungen gegeben sind.

In dem vom LG Frankfurt a. M. entschiedenen Fall einer Rangrücktrittsklausel ausländischen Rechts bei Auslandsanleihen ist zu berücksichtigen, dass nach Art. 3 Abs. 1 EuInsVO zwingend das Insolvenzrecht am Sitz des Emittenten Anwendung findet.[43] Nach Art. 4 Abs. 2 S. 2 lit. d) und i) EuInsVO gilt dieses insbesondere auch für den Rang der Forderungen sowie die Voraussetzungen für die Wirksamkeit einer Aufrechnung. Um die insolvenzrechtliche Anerkennung des Rangrücktritts bzw. des Aufrechnungsverbots nach dem Insolvenzrecht des Sitzstaats möglichst rechtssicher zu gewährleisten, besteht ein legitimes Interesse daran, die entsprechenden schuldrechtlichen Vereinbarungen in den Anleihebedingungen ebenfalls dem Recht des Sitzstaats zu unterstellen.[44]

Im Rahmen der teleologischen Auslegung ist schließlich auf die Regelungsziele des Gesetzgebers zurückzukommen. Es ist eines der wesentlichen Anliegen

---

40 LG Frankfurt a. M., BeckRS 2011, 26939.

41 Staudinger/*Magnus* (2011), Art. 12 Rom I-VO Rn. 34.

42 Staudinger/*Magnus* (2011), Art. 3 Rom I-VO Rn. 109 f. Zur Teilrechtswahl in Anleihen RGZ 126, 196, 206.

43 Wenn man mit der gesetzlichen Vermutung den Regelfall unterstellt, dass sich dessen Mittelpunkt der hauptsächlichen Interessen (*centre of main interests*, COMI) am Sitz befindet. Zur Bestimmung des COMI und der dafür relevanten Kriterien vgl. *Wenner/Schuster*, in: FK-Inso, 6. Aufl. 2011, Art. 3 EuInsVO Rn. 5 ff.

44 Ähnlich bereits *Keller*, BKR 2012, 15, 16 sowie *Thole*, ZGR 2013, 109, 159.

der Reform des Schuldverschreibungsrechts, dieses an international übliche Anforderungen anzupassen und den gesetzlichen Anwendungsbereich auf Auslandsanleihen nach deutschem Recht erstrecken.[45] Diese Ziele des SchVG würden in weiten Teilen konterkariert, wollte man Anleihen, die in ihrer Substanz deutschem Recht unterliegen, aufgrund der Rechtsverhältnisse des Auslandsemittenten jedoch einzelne Nebenbestimmungen ausländischen Rechts enthalten, vom Anwendungsbereich des SchVG ausschließen.[46] Das Nebeneinander von ausländischem Recht und deutschem SchVG hat der Gesetzgeber ausweislich der Gesetzesbegründung erkannt und akzeptiert.[47]

IV. Zusammenfassung

Die vorstehenden Überlegungen führen zu folgenden Ergebnissen:

1. Das SchVG erlaubt den Gläubigern sämtlicher vor Inkrafttreten des Gesetzes begebenen Anleihen, einschließlich solcher die nicht dem SchVG 1899 unterliegen, einen Beschluss über die Anwendbarkeit des SchVG zu fassen (Opt-in).
2. Der Anwendbarkeit des SchVG und damit insbesondere auch der Opt-in-Regelung steht eine Teilrechtswahl ausländischen Rechts in den Anleihebedingungen nicht entgegen, solange die Substanz der verbrieften Forderung deutschem Recht unterliegt.

Dies ergibt sich bereits aus dem gültigen Gesetz. Aufgrund entgegenstehender instanzgerichtlicher Rechtsprechung besteht allerdings Klarstellungsbedarf. Dies insbesondere auch deshalb, weil hiermit Fragen angesprochen sind, welche die Funktionsfähigkeit und Marktakzeptanz des neuen Gesetzes in wesentlichen Anwendungsbereichen berühren. Im Rahmen der Reform des Schuldverschreibungsrechts hat die Bundesregierung angekündigt, laufend zu prüfen, ob beabsichtigten Wirkungen dieses Gesetzes erreicht worden sind, und, soweit erforderlich, rechtzeitig die hieraus resultierenden erforderlichen Maßnahmen zu ergreifen.[48] Nachdem unlängst bereits die Straffung des Freigabeverfahrens erfolgte[49] ist zu hoffen, dass auch der hier identifizierte gesetzliche Klarstellungsbedarf zügig in Angriff genommen wird.

---

45 RegE SchVG, BT-Drucks. 16/12814, S. 1, 13.
46 *Sester*, FAZ v. 7.3.2012, Nr. 57, S. 19; *Thole*, ZGR 2013, 109, 159; *Schneider* in diesem Band.
47 RegE SchVG, BT-Drucks. 16/12814, S. 25.
48 BT-Drucks. 16/12814, S. 16.
49 Art. 2 des Gesetzes zur Änderung des BundesschuldenwesenG, BGBl. I, 2012, 1916 f.

Hans-Gert Vogel

§ 3 Der Rechtsschutz des Schuldverschreibungsgläubigers

Inhaltsverzeichnis

Das neue Schuldverschreibungsgesetz hat die Kompetenzen der Gläubigermehrheit wesentlich erweitert. Es hat die starren Schranken des Gesetzes von 1899 für Eingriffe der Gläubigermehrheit in Rechtpositionen der Minderheit weitgehend abgebaut. Damit ist das Gesetz nunmehr im Grunde praxistauglich und wettbewerbsfähig. Insbesondere Praktiker nehmen das neue auf dem aktienrechtlichen Vorbild beruhende Rechtsschutzsystem des Schuldverschreibungsgesetzes von der grundsätzlich positiven Bewertung allerdings weitgehend aus.[1] § 20 SchVG hat die Anfechtungsgründe, die Anfechtungsbefugnis, die Anfechtungsfrist und die Formalien der Anfechtungsklage, die Regeln zur Vollzugssperre angefochtener Beschlüsse und zum Freigabeverfahren aus §§ 243 ff. AktG übernommen oder verweist auf sie. Ungewollt übernommen hat der Gesetzgeber damit aber möglicherweise auch das Phänomen der erpresserischen Anfechtungsklage. Erste

1 Vgl. etwa *Maier-Reimer*, Fehlerhafte Gläubigerbeschlüsse nach dem Schuldverschreibungsgesetz, NJW 2010, 1317 ff.; *Schneider*, Ist das Schuldverschreibungsgesetz noch zu retten?, in diesem Band, 1, 18 ff.

Anwendungsfälle der neuen Regeln haben belegt, dass sich das von querulatorischen Minderheitsaktionären zur Störung der Abläufe und letztlich zur Erzielung eigener finanzieller Vorteile betriebene „Anfechtungsgeschäft" auch auf Beschlüsse von Anleihegläubigern erstrecken lässt. Damit steht zu befürchten, dass die Übernahme der aktienrechtlichen Anfechtungsklage in das Schuldverschreibungsgesetz, Emittenten letztendlich davon abhält, in die §§ 5 ff. SchVG zu optieren, so dass das Gesetz wieder (!) aus Gründen eines übertriebenen Minderheitenschutzes leerzulaufen droht. *Hannes Schneider* hat daher aus guten Gründen eine umfassende Korrektur des Gesetzes in diesem Zusammenhang eingefordert, nämlich die prinzipielle Ersetzung der beschlussvernichtenden Anfechtung durch einen reinen Vermögensausgleich zugunsten des überstimmten Minderheitsgläubigers.[2] In eine ähnliche Richtung weist ein während des Gesetzgebungsverfahrens unterbreiteter Vorschlag von *Baums*.[3] Ob der Gesetzgeber entsprechende Überlegungen künftig aufgreifen wird, ist fraglich. Jedenfalls muss die aktuelle Rechtspraxis mit dem in Kraft gesetzten Rechtsschutzsystem des § 20 SchVG zurechtkommen. Hauptgegenstand dieses Beitrags sollen deshalb nicht die Suche nach Alternativen und deren Ausgestaltung sein, sondern vielmehr offene Einzelfragen im Zusammenhang mit der im August 2009 in Kraft getretenen gesetzlichen Regelung.

Ungeachtet der aus dem Aktienrecht bekannten Missbrauchsproblematik ist zum einen die Pauschalübernahme aktienrechtlicher Regelungen kritisch zu hinterfragen. Angesichts der Unterschiede in den geregelten Sachverhalten stellt sich dem Rechtsanwender im Einzelfall die Frage nach vom Aktienrecht abweichender Auslegung, die die Eigenheiten der Schuldverschreibung als Fremdkapitaltitel berücksichtigt. Dies gilt vor allem für Vollzugssperre und Freigabeverfahren. Zum anderen hat der Gesetzgeber – trotz nach der Gesetzesbegründung enger Anlehnung an das „bewährte" aktienrechtliche System[4] – in der Regelung des § 20 SchVG augenscheinlich Lücken gelassen, die es zu füllen gilt. Dies betrifft namentlich die Nichtigkeit von Gläubigerbeschlüssen und die Wirkung des der Anfechtungsklage stattgebenden Urteils.

---

2 *Schneider* (Fn. 1), 18.

3 *Baums*, Die gerichtliche Kontrolle von Beschlüssen der Gläubigerversammlung nach dem Referentenentwurf eines neuen Schuldverschreibungsgesetzes, ZBB 2009, 1, 3 f.

4 RegE-SchVG, BT-Drucks. 16/12814, 17.

I. Mehrheitsmacht und Minderheitenschutz

Die Diskussion um Mehrheitsmacht und Minderheitenschutz muss zunächst anerkennen, dass Mehrheitsmacht naturgemäß und stets die Gefahr des Missbrauchs in sich birgt.[5] Dass nicht nur das Anfechtungsrecht als Minderheitenrecht, sondern auch das Recht der Mehrheit, nämlich in Vermögenspostionen der Minderheit einzugreifen, missbraucht werden kann, droht in der Debatte um die erpresserische Anfechtungsklage in den Hintergrund zu geraten. Eine Richtigkeitsgewähr, wie sie das Prinzip der Einstimmigkeit im Personengesellschaftsrecht oder der vertragliche Konsens gewährleisten, fehlt naturgemäß bei Mehrheitsentscheidungen. Stimmrechtsmacht kann zur Verfolgung sachfremder Interessen genutzt werden. Sollen für alle Gläubiger verbindliche Entscheidungen durch Mehrheitsbeschluss getroffen werden, muss der Mehrheit daher eine Loyalitätsverpflichtung auferlegt werden, die dies nach Möglichkeit ausschließt.[6] Aufgabe des Gesetzgebers ist es, einerseits die Aktionsfähigkeit der Gemeinschaft zu gewährleisten und andererseits die „Richtigkeit" ihrer Entscheidungen sicherzustellen. Um der Gefahr des Missbrauchs der Mehrheitsmacht in einer Anleihegläubigerversammlung entgegenzuwirken, hat der Gesetzgeber zwar einzelne inhaltliche Schranken für Mehrheitsbeschlüsse aufgestellt. Genannt sei etwa das Verbot der Verpflichtung zu Leistungen in § 5 Abs. 1 Satz 3 SchVG. Von generellen materiellen Anforderungen an Mehrheitsbeschlüsse, wie etwa der Verfolgung eines Sanierungszwecks, aber abgesehen.[7] Schon aus Gründen des grundgesetzlichen Eigentumsschutzes muss deshalb die Mehrheitsmacht einer effektiven gerichtlichen Kontrolle unterliegen, die aber andererseits den Gesetzeszweck nicht konterkarieren darf.

---

5 Dazu umfassend *Vogel* in Preuße (Hrsg.), Berliner Kommentar zum Schuldverschreibungsgesetz, Berlin 2010, Vor § 5, Rn. 15 ff.

6 *Baltzer*, Der Beschluss als rechtstechnisches Mittel organschaftlicher Funktion im Privatrecht, Berlin 1965, 217; *Wüst*, Die Interessengemeinschaft – Ein Ordnungsprinzip des Privatrechts, Frankfurt a. M., Berlin 1958, 60 ff. Zum Minderheitenschutz im Gesellschaftsrecht grundlegend *Wiedemann*, Gesellschaftsrecht I, München 1980, § 8.

7 Dazu *Maier-Reimer* (Fn. 1), 1321. Nach § 1 Abs. 1 des SchVG 1899 waren Mehrheitsbeschlüsse nur dann für alle Gläubiger verbindlich, wenn sie „zur Wahrung ihrer gemeinsamen Interessen" gefasst wurden. Dazu unten V. 1. b) aa).

II. Anfechtungsklage und Missbrauchspotenzial

Die neuen Regeln zur Anfechtung von Gläubigerbeschlüssen haben nicht – wie das die Gesetzesbegründung suggeriert[8] – „erstmals" einen Rechtsschutz der Gläubiger etabliert. Der Effekt des neuen § 20 SchVG im Vergleich zum früheren Recht bestand nicht etwa in der Erweiterung, sondern vielmehr in der Begrenzung der Klagemöglichkeit.[9] Unter dem alten Recht, das die Geltendmachung von Beschlussmängeln nicht gesondert geregelt hatte, konnten Gläubiger die Rechtswidrigkeit von Beschlüssen uneingeschränkt und unbefristet durch Leistungs- oder Feststellungsklage oder auch im Wege der Einrede geltend machen.[10] Dies ist nach neuem Recht ausgeschlossen. Wie im Aktienrecht ist die Anfechtungsklage der exklusive Rechtsbehelf des Anlegers. Damit ist die Gläubigerklage eingegrenzt, kanalisiert und insbesondere befristet. Der Emittent muss nicht mehr gewärtigen, noch Jahre nach einer Beschlussfassung mit Forderungen einzelner Gläubiger auf Nachzahlung von Zinsen, Wiedereinräumung von Sicherheiten oder Ähnlichem konfrontiert zu werden. Die Anfechtungsklage hat insofern Rechtssicherheit geschaffen.[11]

Das Problem liegt denn auch an anderer Stelle. Missbrauchspotenzial resultiert nicht schon aus der Anfechtungsbefugnis und damit aus der Anfechtungsklage an sich, sondern, wie im Aktienrecht aus der Registersperre, hier aus der Vollzugssperre des § 20 Abs. 3 Satz 4 SchVG. Danach darf ein Gläubigerbeschluss nicht vor rechtskräftiger Entscheidung über die Anfechtungsklage vollzogen werden. Nach § 2 Satz 3 SchVG werden Änderungen des Leistungsversprechens erst mit Vollzug in der Urkunde oder in den Anleihebedingungen wirksam. Dies gilt auch für Änderungen aufgrund eines zustimmenden Gläubigerbeschlusses. Konkret werden diese umgesetzt durch entsprechende Änderung oder Ergänzung der Sammelurkunde (§ 21 SchVG), die damit erst nach rechtskräftiger Entscheidung über die Anfechtungsklage erfolgen kann. Damit wird die Rechtsverbindlichkeit etwa einer von der Gläubigermehrheit beschlossene Zinsreduktion oder Stundung durch Erhebung einer Anfechtungsklage zeitlich verzögert. Und dies kann – schon vor dem Hintergrund der kollektiven Bindung nach § 4 SchVG – nur so verstanden werden, dass das Vollzugsverbot nicht nur gegenüber dem indivi-

---

8 Begründung RegE SchVG BT-Drucks. 16/12814, 25.

9 Vgl. *Baums* (Fn. 3), 3; *Bredow/Vogel*, Unternehmenssanierung und Restrukturierung – Welche Verbesserungen bringt das neue Schuldverschreibungsrecht?, ZBB 2008, 221, 228.

10 Hierzu im Einzelnen *Vogel*, Die Vergemeinschaftung der Anleihegläubiger und ihre Vertretung nach dem Schuldverschreibungsgesetz, Baden-Baden 1999, 173 ff.

11 *Maier-Reimer* (Fn. 1), 1321.

duellen Kläger besteht, sondern *in toto*, d.h. die Umsetzung einer beschlossenen Maßnahme insgesamt aufgeschoben wird.[12] Hierin liegt der alleinige Hebel für erpresserische Klagen. Vielfach wird es um Sanierungsmaßnahmen unter Zeitdruck gehen. Damit kann das Erpressungspotenzial durchaus größer sein als bei einem Hauptversammlungsbeschluss einer Aktiengesellschaft. Als Zwischenbefund ist festzuhalten: Nicht das Instrument der „kanalisierten" Klage ist in Frage zu stellen. Eine gesetzliche Nachbesserung müsse vielmehr an der Vollzugssperre oder an dem Instrument zu ihrer Überwindung ansetzen. Das Gesetz baut hier kraft Verweisung auf das gerichtliche Freigabeverfahren analog § 246a AktG mit all seinen (bekannten und neuen) Unzulänglichkeiten.[13]

III. Vermögensschutz statt Kassation

Eine Alternative hätte darin bestanden, die kassatorische Wirkung des der Klage stattgebenden Urteils auf Antrag des Emittenten zu ersetzen durch die lediglich *inter partes* wirkende Feststellung der Rechtswidrigkeit eines Beschlusses, auf dessen Grundlage dem betreffenden Kläger ein Anspruch auf Wertausgleich oder (bei Verschulden) Schadensersatz gewährt wird,[14] oder gar das Anfechtungsrecht insgesamt durch einen Schadensersatzanspruch des überstimmten Gläubigers zu ersetzen.[15] Der Charme dieses Prinzips „individueller Wertausgleich statt genereller Beschlussnichtigkeit" liegt im Fehlen jeglichen Erpressungspotenzials und verdient die weitere Diskussion. Entsprechende Ansätze sehen sich allerdings dem Einwand ausgesetzt, möglicherweise unerwünschte Anreize beim Emittenten zu setzen. Die Möglichkeit eines individuellen „Freikaufens" mag als Einladung an den Emittenten aufgefasst werden, rechtswidrige Beschlüsse erst einmal zu riskieren und das weitere Vorgehen davon abhängig zu machen, ob und vor allem wie viele Gläubiger klagen, das heißt „wie teuer es würde".[16] Zwar geht es vorliegend nicht um Anteilsrechte, so dass sich das Interesse des Anlegers auf Vermögensrechte beschränkt. Diesem Interesse würde bei finanziellem Nachteilsausgleich Genüge getan, zumal für die Durchsetzung das Kapitalanleger-Musterverfahrensgesetz instrumentalisiert werden könnte. Auch die kollektive

12 Siehe dazu auch unten V. 2.
13 Dazu im Einzelnen unten VII.
14 So ein Vorschlag von *Baums* (Fn. 3), 3 f.
15 So *Schneider* (Fn. 1), 18.
16 Vgl. *Horn*, die Stellung der Anleihegläubiger nach neuem Schuldverschreibungsgesetz und allgemeinem Privatrecht im Licht neuer Marktentwicklungen, ZHR 173 (2009), 12, 62, Fn. 184.

Bindung nach § 4 SchVG, die im Interesse der Fungibilität verhindern soll, dass Schuldverschreibungen ein und derselben Emission unterschiedliche Rechte gewähren, stünde nicht zwingend entgegen, etwa wenn der vollständig abgefundene Gläubiger im Gegenzug seine Papiere zurückgeben müsste. Ein Konflikt mit der kollektiven Bindung nach § 4 SchVG ließe sich also vermeiden durch eine Verpflichtung des Emittenten zur Rücknahme der Papiere zum Kurswert vor Beschlussfassung. Erkennt man aber man nicht nur dem klagenden, sondern jedem überstimmten Gläubiger einen Schadensersatzanspruch und/oder ein Rückgaberecht zu, so würden die hierfür aufzuwenden Mittel den regelmäßig sanierungsbedürftigen Schuldner stark belasten, so dass das Beschlussergebnis möglicherweise entwertet, die beschlossene Sanierungsmaßnahme schlicht zu kostspielig würde.

IV. Nichtigkeit von Gläubigerbeschlüssen

Anders als das Aktiengesetz in § 241 enthält das SchVG keine Aussage zur Nichtigkeit von Beschlüssen. Entsprechend fehlen eine Heilungsvorschrift analog § 242 AktG und eine Nichtigkeitsklage nach dem Vorbild des § 249 AktG. Auch die amtliche Begründung schweigt zur Nichtigkeit von Gläubigerbeschlüssen. Lediglich § 5 Abs. 2 Satz 2 SchVG sieht für Beschlüsse, die ungleiche Bedingungen für die Gläubiger beinhalten, die Rechtsfolge der Unwirksamkeit vor. Hiermit ist aber nicht etwa die Nichtigkeit im Sinne von §§ 134, 138 BGB gemeint, sondern lediglich die Unverbindlichkeit des Beschlusses gegenüber den unfreiwillig zurückgesetzten Gläubigern.[17]

1. Nichtigkeitsgründe

a) Gesetzliche Systematik

Auf den ersten Blick liegt der Umkehrschluss nahe, dass abgesehen von der ausdrücklich angeordneten Unwirksamkeit von die Gläubiger ungleich behandelnden Beschlüssen nach dem Willen des Gesetzgebers jeder – auch noch so

17 Zu Einzelheiten siehe *Vogel* (Fn. 5), § 5, Rn. 25. Das Verbot ungleicher Bedingungen nach § 5 Abs. 2 Satz 2 SchVG besteht nicht im öffentlichen, sondern allein im individuellen Gläubigerinteresse.

schwere – sonstige Beschlussmangel binnen Monatsfrist mit der Anfechtungsklage geltend gemacht werden muss.[18] Dafür spricht in der Sache, durch die Beschränkung der Klagefrist auf einen Monat Verlässlichkeit und Rechtssicherheit zu fördern, auf die der Emittent und ein funktionierender Kapitalmarkt angewiesen sind. Es bleiben gleichwohl Zweifel. Verwiesen sei auf das Genossenschaftsrecht und auf das GmbH-Recht. Auch dort fehlt jeweils eine gesetzliche Regelung zur Beschlussnichtigkeit. Trotzdem ist anerkannt, dass Beschlüsse der General- oder Gesellschafterversammlung bereits *ipso jure* nichtig sein können.[19] Dort geht es zwar nicht um handelbare Anteile. Allerdings war auch im Aktienrecht die Existenz von Nichtigkeitsgründen schon vor 1937, d.h. vor der Aufnahme von Regelungen zur Nichtigkeit von Hauptversammlungsbeschlüssen in das Gesetz, allgemein anerkannt, so dass der ursprüngliche Regelungszweck des § 241 AktG auch nicht etwa in der „Schaffung" von Nichtigkeitsgründen bestand, sondern vielmehr in deren Begrenzung und Präzisierung gegenüber den allgemeinen zivilrechtlichen Regeln.[20] Deswegen wird man jedenfalls aus der gesetzlichen Systematik nicht folgern können, dass die Anfechtbarkeit die einzige Rechtsfolge eines Beschlussmangels sein kann. Das Gegenteil ist der Fall. Der Gesetzgeber will die Entwicklung von Nichtigkeitsgründen Rechtsprechung und Schrifttum überlassen und ihnen nicht von vornherein das Korsett des § 241 AktG anlegen, das im Übrigen bei Beschlüssen einer Gläubigerversammlung auch nicht passt.[21] Die Frage, ob es derart schwerwiegende Beschlussmängel geben kann, deren Geltendmachung innerhalb der Anfechtungsfrist man nicht in das Belieben Einzelner stellen kann, bei denen der „Notausgang" der Nichtigkeit offen stehen muss, ist daher prinzipiell zu bejahen.[22]

b) Analogie zu § 241 AktG?

Es bleibt die Frage, welche Beschlüsse im Einzelnen der Nichtigkeitsfolge unterliegen. Die Abgrenzung nichtiger von bloß anfechtbaren Beschlüssen wird, wie

18 So *Schneider* (Fn. 1), 4 f.

19 Für das Genossenschaftsrecht *Gätsch*, in Helios/Strieder (Hrsg.), Beck'sches Handbuch der Genossenschaft, München 2009, § 5, Rn. 216 ff. Für das GmbH-Recht *Zöllner*, in Baumbach/Hueck, GmbHG, 19. Auflage, München 2010, Anh. § 47, Rn. 17 und 44 ff.

20 *Hüffer*, Aktiengesetz, 10. Auflage, München 2012, § 241, Rn. 1.

21 Siehe dazu sogleich unten b) und c).

22 So im Ergebnis auch *Baums* (Fn. 3), 4; *Horn* (Fn. 16), 62; *Maier-Reimer* (Fn. 1), 1319. Kritisch *Schlitt/Schäfer*, Die Restrukturierung von Anleihen nach dem neuen Schuldverschreibungsgesetz, AG 2009, 477, 483.

im Genossenschafts- und im GmbH-Recht, Rechtsprechung und Schrifttum überlassen bleiben.[23] Eine Eins-zu-Eins-Übertragung der in § 241 AktG genannten Nichtigkeitsgründe scheidet jedenfalls aus.[24] Das gilt zunächst auch für die in § 241 Nr. 5 AktG genannte Nichtigkeit eines durch Gestaltungsurteil vernichteten Beschlusses. Denn das SchVG sagt zumindest nicht ausdrücklich, dass dem der Anfechtungsklage stattgebenden Urteil Gestaltungswirkung zukommt.[25] Entsprechendes gilt für den in § 241 Nr. 6 AktG genannten Nichtigkeitsgrund. Denn Beschlüsse einer Gläubigerversammlung sind nicht in das Handelsregister einzutragen, so dass naturgemäß auch eine die Nichtigkeitsfolge auslösende Löschung aus dem Register nicht stattfinden kann. Eine Analogie zu § 241 Nr. 3 AktG, d.h. die Nichtigkeit von Beschlüssen, die in Rechte anderer Gläubiger eingreifen oder im öffentlichen Interesse bestehende Vorschriften verletzen, dürfte im Wesentlichen außer Betracht bleiben. Denn die Vorschrift zielt primär ab auf die Einhaltung aktienrechtlicher (Gläubigerschutz-) Vorschriften mit Wirkung für Dritte („Wesen der Aktiengesellschaft" als Auffangtatbestand), die vorliegend naturgemäß keine unmittelbare Rolle spielen. Denkbar ist allenfalls die Nichtigkeit von Beschlüssen, die die Kompetenzen der Gläubigerversammlung in sonstiger Weise überschreiten.

Im Übrigen wird man hier wegen des Bedürfnisses nach schneller Klärung der Rechtslage mit Augenmaß zu Werke gehen müssen, so dass etwa nicht schon jeder Einberufungsfehler zur Nichtigkeit führen darf. Was formale Beschlussmängel betrifft, so ist zu denken an Fälle, in denen die Versammlung durch nicht befugte Personen einberufen wurde, zur Versammlung entgegen §§ 9 ff. SchVG nur ein begrenzter Personenkreis eingeladen war oder der Beschluss nicht beurkundet wurde.[26]

c) Insbesondere: Sittenwidriger Beschlussinhalt

Für die Beschlussnichtigkeit wegen materieller Fehler fehlt eine § 241 Nr. 4 AktG vergleichbare Beschränkung auf die Fälle, in denen sich die Sittenwidrigkeit aus dem Inhalt und nicht aus den Begleitumständen des Beschlusses ergibt. Das Aktiengesetz sieht hierfür bekanntlich ausdrücklich nur die Anfechtbarkeit vor und zwar nach § 243 Abs. 2 AktG wegen Gewährung eines Sondervorteils oder

---

23 So *Baums* (Fn. 3), 4; *Horn* (Fn. 16), 62.
24 So auch *Maier-Reimer* (Fn. 1), 1319.
25 Siehe dazu aber unten V. 2.
26 Vgl. im Einzelnen *Vogel* (Fn. 5), § 20, Rn. 13 ff.

nach § 243 Abs. 1 AktG wegen Verletzung der Treuepflicht. Diese Beschränkung fehlt im SchVG. Insofern können grundsätzlich auch solche Beschlüsse der Nichtigkeitsfolge unterliegen, die auf einem minderheitsschädigendem Zusammenwirken des Emittenten und eines Großinvestors beruhen oder diesem einen Sondervorteil gewähren, ohne dass es der Anfechtung innerhalb der Monatsfrist bedarf. Das SchVG lässt für nichtige Beschlüsse in diesem Zusammenhang weiteren Raum als das AktG. Denn § 138 BGB gilt in vollem Umfang.[27] Vor dem Hintergrund des Gesetzeszwecks wird aber eine spürbare Erheblichkeitsschwelle einzuziehen sein. Der Nichtigkeitsfolge unterliegen dürften nur extreme Fälle des kollusiven Zusammenwirkens und nicht bereits jeder Fall, in denen ein Gläubiger neben seinen Gläubigerinteressen möglicherweise auch noch sonstige Interessen verfolgt.[28]

2. Gerichtliche Geltendmachung

Für die gerichtliche Geltendmachung von Nichtigkeitsgründen fehlt es an einer speziellen Nichtigkeitsklage mit *inter omnes* Wirkung analog § 249 AktG und an einer Verpflichtung des Emittenten zur Bekanntmachung der Klage entsprechend § 246 Abs. 4 Satz 1 AktG. Daher wird zunächst davon auszugehen sein, dass nur die allgemeine Feststellungsklage nach § 256 ZPO und der Weg der Einrede zur Verfügung steht. Letzteres dürfte kaum eine Rolle spielen. Denn es wird selten darum gehen, dass der Emittent Ansprüche gegen den Anleger erhebt. Insofern erscheint – wie im Genossenschaftsrecht – zumindest die analogieweise Entwicklung von Regeln in Anlehnung an die Nichtigkeitsklage nach § 249 AktG wünschenswert,[29] wenn nicht gar eine gesetzliche Regelung. Denn wenn materiell die Nichtigkeit von Gläubigerbeschlüssen anzuerkennen ist – und daran wird kaum ein Weg vorbei führen – dann sollte formal im Interesse von Rechtssicherheit und Beschleunigung auch ihre Geltendmachung den Verfahrensregeln des § 20 SchVG unterliegen. Dies würde auch dem Verständnis der neueren aktienrechtlichen Rechtsprechung Rechnung tragen, wonach die der regelmäßig mit-

27 *Vogel* (Fn. 5), § 20, Rn. 10.

28 Vgl. *Simon*, Das neue Schuldverschreibungsgesetz und Treuepflichten im Anleiherecht als Bausteine eines außergerichtlichen Sanierungsverfahrens, Köln 2012, 274. Siehe aber unten V. 1. a) zur Anfechtbarkeit entsprechender Beschlüsse.

29 So *Baums* (Fn. 3), 4.

einander verbundene Nichtigkeits- und Anfechtungsklage ein und denselben Streitgegenstand haben.[30]

Auch das Freigabeverfahren sollte Anwendung finden. Denn eine Heilung des nichtigen Beschlusses entsprechend § 242 AktG kommt nicht in Betracht. Eine Heilung durch Eintragung wäre kaum praktikabel, weil Gläubigerbeschlüsse nicht in das Handels- oder ein sonstiges Register eingetragen werden. Eine „Heilung durch Vollzug", d.h. durch Umsetzung der beschlossenen Maßnahme in den Anleihebedingungen, scheidet aus, weil es sonst allein der Emittent in der Hand hätte, dem an einem schwerwiegenden Mangel leidenden Beschluss durch zügiges Handeln eigenmächtig zur Wirksamkeit zu verhelfen. Dies kann aber nur hingenommen werden, wenn der Beschluss zuvor die gerichtliche Kontrolle im Freigabeverfahren durchlaufen hat.

3. „Nachschieben" von Nichtigkeitsgründen

Erkennt man an, dass die Nichtigkeit von Gläubigerbeschlüssen auch noch nach Ablauf der Anfechtungsfrist im Wege einer Nichtigkeitsklage geltend gemacht werden kann, dann lässt sich durch ein „Nachschieben" von Nichtigkeitsgründen ein Anfechtungsverfahren in die Länge ziehen, was den „Lästigkeitswert" der Anfechtungsklage erhöht. Konkret: Kurz vor oder unmittelbar nach erfolgreichem Durchlaufen des Freigabeverfahrens aber noch vor Vollzug des Beschlusses wird eine Nichtigkeitsklage erhoben. Gelingt es dem Emittenten nicht, den Beschluss unmittelbar nach der gerichtlichen Entscheidung durch Änderung der Anleihebedingungen umzusetzen, oder wird die Nichtigkeitsklage „vorsorglich" vor der gerichtlichen Entscheidung erhoben, so würde erneut die Vollzugssperre ausgelöst. Das Phänomen ist aus der aktienrechtlichen Praxis bekannt.[31] Dort will der Gesetzgeber das Problem mit der „Aktienrechtsnovelle 2012" angehen, indem er die Geltendmachung der Nichtigkeit für den Fall, dass bereits eine Anfechtungsklage erhoben ist, unter eine relative Befristung stellt. Nichtigkeitsklage gegen einen Hauptversammlungsbeschluss soll künftig nur noch innerhalb eine Monats nach Bekanntgabe der Anfechtungsklage erhoben werden können.[32]

---

30 BGHZ 152, 1, 4 ff. Dazu *Hüffer* (Fn. 20), § 246, Rn. 12 ff.

31 Vgl. die Begründung des am 20. Dezember 2011 vom Bundeskabinett beschlossenen Entwurfes eines Gesetzes zur Änderung des Aktiengesetzes („Aktienrechtsnovelle 2012"), BT-Drucks. 17/8989, 19 ff.

32 § 243 Abs. 3 AktG-E lautet: „Ist die Erhebung einer Klage gegen einen Beschluss der Hauptversammlung gemäß § 246 Absatz 4 Satz 1 bekannt gemacht, so kann ein Aktionär Nichtigkeitsklage gegen diesen Beschluss nur innerhalb eines Monats nach der Bekanntmachung erheben."

Diese relative Befristung, wie sie der aktuelle Regierungsentwurf im Aktienrecht vorsieht, sollte auch bei der Nichtigkeitsklage gegen Gläubigerbeschlüsse Anwendung finden. Gewährleistet sein müsste dann auch die Bekanntmachung der Anfechtungsklage. Dies legt einmal mehr eine klarstellende gesetzliche Regelung nahe.

Im Ergebnis spricht vieles für eine Eins-zu-Eins-Übertragung der aktienrechtlichen Regeln zur Beschlussnichtigkeit in das SchVG, nicht um Nichtigkeitsgründe zu schaffen, sondern um sie einzuschränken und ihre missbräuchliche Geltendmachung zu beschränken.

V. Anfechtungsklage

§ 20 Abs. 1 Satz 1 SchVG lautet: „Ein Beschluss der Gläubiger kann wegen Verletzung des Gesetzes oder der Anleihebedingungen angefochten werden." Der Wortlaut entspricht § 243 Abs. 1 Satz 1 AktG, wobei an Stelle der „Satzung" die „Anleihebedingungen" getreten sind. Wie im Aktienrecht können Beschlüsse zunächst wegen Verfahrensmängeln angefochten werden, das heißt bei Vorbereitungs- und Durchführungsmängeln wie Nichtbeachtung der Einberufungsfrist, unberechtigtem Ausschluss stimmberechtigter Gläubiger, unrichtiger Feststellung, Verkennung der erforderlichen Beschlussmehrheit oder unrichtiger Feststellung des Beschlussergebnisses wegen Nichtbeachtung eines Stimmverbots.

1. Materielle Beschlusskontrolle

Geht man davon aus, dass Gläubigerbeschlüsse auch wegen schwerer inhaltlicher Mängel nichtig sein können,[33] fragt sich ob es darüber hinaus auch einer materiellen Inhaltskontrolle im Anfechtungsprozess bedarf und ob das Gesetz hierfür Raum lässt. Weder dem Gesetzeswortlaut noch der Begründung sind Hinweise zu entnehmen. Gleichwohl hält die herrschende Ansicht, Gläubigerbeschlüsse grundsätzlich auch dann für anfechtbar, wenn ein Mangel nicht die Förmlichkeiten seines Zustandekommens, sondern seinen Inhalt betrifft.[34] Weitgehend

33 Siehe oben IV. 1.

34 *Baums* (Fn. 3), 5 f.; *Horn* (Fn. 16), 62; *Maier-Reimer* (Fn. 1), 1320 f.; *Steffek*, Änderung von Anleihebedingungen nach dem Schuldverschreibungsgesetz, in Grundmann/Haar/Merkt u.a. (Hrsg.), Festschrift für Klaus J. Hopt zum 70. Geburtstag, Berlin New York 2010, 2597, 2616; *Vogel*

ungeklärt sind aber bislang Grundlagen und Reichweite einer Inhaltskontrolle von Gläubigerbeschlüssen.

a) Interessenkonflikte

Was den Inhalt der von den Gläubigern beschlossenen Maßnahmen anbelangt, so baut der Gesetzgeber zunächst auf den reflexiven Schutz der Minderheit durch Selbstbetroffenheit der Mehrheit. Des Weiteren hat er in § 5 SchVG der Mehrheitsmacht einige starre Grenzen gesetzt.[35] Hierzu gehört neben dem Verschlechterungsverbot, dem Verbot der Leistungsverpflichtung und dem qualifizierten Mehrheitserfordernis bei „wesentlichen" Änderungen vor allem das Gleichbehandlungsgebot nach § 5 Abs. 2 Satz 1 SchVG.[36] Der Gleichbehandlungsgrundsatz versagt aber immer dann, wenn die Mehrheit bereit ist, nachteilige Beschlusswirkungen auch selbst hinzunehmen.[37] Im Einzelfall kann dies durchaus ökonomisch rational sein, nämlich dann wenn Anleihegläubiger weitere, nicht in derselben Anleihe verbriefte Forderungen gegen den Emittenten haben. Erwerben sie die Mehrheit an den Teilschuldverschreibungen, kann die Situation eintreten, dass bei Verhandlungen mit dem Schuldner weniger ihre Interessen als Anleihegläubiger, sondern vielmehr ihre Interessen aus sonstigen Positionen im Vordergrund stehen. Aus der Rechtsprechung des Reichsgerichts sind Fälle bekannt, in denen ein Bankhaus die Mehrheit der Schuldverschreibungen erworben hat, um mittels Durchsetzung von Stundungen und Zinsverzichten in einer Gläubigerversammlung andere Forderungen gegen den Emittenten mit Liquidität auszustatten.[38] Interessengegensätze sind vor allem denkbar zwischen institutionellen und privaten Anlegern, wenn erstere neben den betreffenden Schuldverschreibungen auch über andere Forderungen gegen den Emittenten verfügen, deren Rettung ihnen vorrangig erscheint.[39] Im Schrifttum[40] werden in diesem Zusammenhang

---

(Fn. 5), Rn. 26 ff. A.A. aber *Schneider* (Fn. 1), 5 f. Kritisch auch *Schmidtbleicher*, Die Anleihegläubigermehrheit, Tübingen 2010, 205 f.

35 Dazu *Vogel*, Restrukturierung von Anleihen nach dem SchVG – Neues Minderheitenschutzkonzept und offene Fragen, ZBB 2010, 211, 214 ff.

36 Dazu oben IV.

37 *Baums* (Fn. 3), 6; *Schmidtbleicher* (Fn. 34), 87 f.; *Zöllner*, Die Schranken mitgliedschaftlicher Mehrheitsmacht bei den privatrechtlichen Personenverbänden, Tübingen 1963, 304.

38 RGZ 148, 3, 12 ff., und RGZ 153, 52 ff. Dazu *Schmidtbleicher* (Fn. 34), 88.

39 So einleuchtend *Hoffmann/Keller*, Collective Action Clauses, ZHR 175 (2011), 684, 713.

40 Vgl. vor allem *Hoffmann/Keller* (Fn. 39), 713 ff., mit zahlreichen rechtsvergleichenden Hinweisen.

diverse Konstellationen diskutiert. So kann (erstens) bei Unternehmensanleihen ein Interessenkonflikt bestehen, wenn Gesellschafter des Emittenten die Mehrheit an den Anleihen erwerben, um einem Verzicht gegenüber der Gesellschaft zuzustimmen. Hiervon profitieren sie als Gesellschafter in einer Liquidation auf Kosten der Nichtgesellschafter. Das gesetzliche Stimmverbot nach § 6 Abs. 1 Satz 2 SchVG reicht hier als Gegenmittel nicht aus.[41] Denn der betreffende Gesellschafter-Mehrheitsgläubiger muss nicht notwendig ein mit dem Emittenten verbundenes Unternehmen nach § 290 HGB sein. Es genügt eine Minderheitsbeteiligung ohne Beherrschungsvertrag. Nach § 15 Abs. 3 SchVG ist die Gläubigerversammlung bereits bei Teilnahme von 50 % und eine „zweite Versammlung" sogar schon bei Teilnahme von 25 % des Nennwerts der ausstehenden Schuldverschreibungen an der Abstimmung beschlussfähig. Demgemäß mag u.U. bereits eine verhältnismäßig geringfügige Investition hinreichen und lohnend sein, um den Wert auch einer Minderheitsbeteiligung entsprechend zu Lasten der übrigen Anleihegläubiger zu erhöhen. Des Weiteren könnte (zweitens) ein Investor, dem die Mehrheit der Teilschuldverschreibungen aus einer Emission gehört und der darüber hinaus Kreditforderungen gegen den Emittenten hat, könnte versucht sein, einen Nachrang aller Teilschuldverschreibungen gegenüber seiner Kreditforderung zu beschließen.[42] Das Nachsehen hat die Minderheit. Denkbar ist (drittens) folgende Fallgestaltung: Die Mehrheit verfügt über gedeckte Kreditausfallderivate und hat auf den Zahlungsausfall des Emittenten „gewettet". Wenn mit der Zahlungsunfähigkeit höhere Erlöse zu erzielen sind als mit der Bedienung der Schuldverschreibungen, tut die Mehrheit gut daran, ihr Stimmverhalten daran auszurichten.[43] Dies kommt einer missbräuchlichen Rechtsausübung recht nahe.

Dass der Gesetzgeber Derartiges hinnehmen will, ist schwerlich vorstellbar. Zumindest in vorstehend wiedergegebenen Beispielen und vergleichbaren Konstellationen bedarf es einer zusätzlichen beweglichen Schranke der Mehrheitsmacht in Gestalt einer treuhänderischen Bindung.[44] Denn die Mehrheit verfügt mit einem Beschluss nicht nur über ihre eigenen, sondern auch über Rechte und Ansprüche der Minderheit oder räumt dem Gläubigervertreter durch Mehrheitsbeschluss die Möglichkeit hierzu ein (§ 7 Abs. 2 SchVG). Die gesetzliche Formulierung, wonach Beschlüsse anfechtbar sind, wenn sie gegen das Gesetz oder die Anleihebedingungen verstoßen, ist nicht in dem Sinne zu verstehen, dass bei Beachtung der im SchVG und in den Anleihebedingungen vorgesehenen

41 Zur Reichweite des Stimmverbots *Vogel* (Fn. 5), § 6, Rn. 20.
42 Vgl. oben zu RGZ 148, 3, 12 ff., und RGZ 153, 52 ff.
43 *Hoffmann/Keller*, (Fn. 39), 713.
44 So auch *Baums* (Fn. 3), 6.

starren Grenzen und Formalien die überstimmte Minderheit jeden Mehrheitsbeschluss unanfechtbar hinnehmen muss, ohne dass es auf materielle Kriterien wie namentlich die von der Mehrheit verfolgten Ziele ankäme.[45]

b) Materielle Grundlage und Reichweite der Inhaltskontrolle

Grundlage der materiellen Beschlusskontrolle ist bei Schuldverschreibungen nicht etwa die im Aktienrecht bemühte Treuepflicht unter Gesellschaftern.[46] Dagegen spricht schon der Unterschied im Rechtscharakter von Aktionärs- und Gläubigerversammlung. Auch wenn im Rahmen der kollektiven Bindung und nach dem Gesamtbild des SchVG die Rechtsausübung durch die Gläubiger gesellschaftsrechtlich geprägt sein mag, entsteht die Gläubigerversammlung von Gesetzes wegen. Die Gläubiger verpflichten sich nicht vertraglich zur Verfolgung gemeinsamer Interessen. Sie sind nicht zur Förderung eines gemeinsamen Zwecks verpflichtet und müssen daher auch keine Beiträge leisten. Insofern verbietet sich eine Parallele zum Aktienrecht. „Aktienrecht ist Verbandsrecht. Anleiherecht ist Schuldrecht."[47] Die Inhaber von Teilschuldverschreibungen einer Emission sind keine Gesellschaft.[48] Die materielle Inhaltskontrolle von Mehrheitsbeschlüssen der Teilschuldverschreibungsgläubiger liegt vielmehr in der treuhänderischen Bindung der Mehrheit gegenüber den Vermögensinteressen der Gläubigergesamtheit.

---

45 Noch weitergehend im Sinne einer Erforderlichkeits- und Verhältnismäßigkeitsprüfung *Baums* (Fn. 3), 5 f., zum Referentenentwurf des Schuldverschreibungsgesetzes von 2008, der allerdings, anders als jetzt § 5 Abs. 1 SchVG, noch keine Information der Anleihegläubiger über denkbare Mehrheitsbeschlüsse vorsah.

46 Zu den Grundlagen der materiellen Beschlusskontrolle im Aktienrecht siehe umfassend *Hüffer*, in MüKo-Aktiengesetz, 2. Auflage, München 2001, § 243, Rn. 47 ff., sowie insbesondere Rn. 53 f. zur Treuepflicht als Rechtsgrundlage der materiellen Beschlusskontrolle. Hierzu auch *K. Schmidt*, Großkommentar Aktiengesetz, 4. Auflage, Berlin New York 1996, § 243, Rn. 40 ff.

47 *Schneider* (Fn. 1), 18.

48 So zutreffend die herrschende Meinung. Vgl. *Oulds*, in Verannemann (Hrsg.), Schuldverschreibungsgesetz, München 2010, § 4, Rn. 15; *Podewils*, Neuerungen im Schuldverschreibungs- und Anlegerschutzrecht – Das Gesetz zur Neuregelung der Rechtsverhältnisse bei Schuldverschreibungen aus Gesamtemissionen und zur verbesserten Durchsetzbarkeit von Ansprüchen von Anlegern aus Falschberatung, DStR 2009, 1914, 1915; *Röh/Dörfler*, in: Preuße (Hrsg.) (Fn. 5), § 4, Rn. 45; *Vogel* (Fn. 10), 127 f. A.A. *Horn* (Fn. 16), 46 ff.

(1) „Gemeinsame Interessen" der Anleihegläubiger

Das SchVG von 1899 enthielt zur Konkretisierung der treuhänderischen Bindung den Begriff der „gemeinsamen Interessen".[49] Mehrheitsbeschlüsse waren nur dann für die Minderheit verbindlich, wenn sie „zur Wahrung der gemeinsamen Interessen aller Gläubiger" gefasst wurden, so § 1 Abs. 1 des SchVG von 1899. Dies war allerdings nicht im Sinne einer objektiven Richtigkeitsprüfung zu verstehen, sondern als subjektives Kriterium und zwar in der Ausgestaltung als Wirksamkeitsvoraussetzung des Beschlusses.[50] Als Wirksamkeitsvoraussetzung kam diesem Kriterium in der – auch aus anderen Gründen ohnehin insgesamt geringen – Anwendungspraxis des SchVG von 1899 kaum eigenständige Bedeutung zu, so dass der Gesetzgeber von 2009 diese Regelung auch nicht in das neue Schuldverschreibungsgesetz übernommen hat. Folgerichtig war dies insofern, als ein derart wenig griffiges subjektives Kriterium als Wirksamkeitsvoraussetzung eines Beschlusses kaum der Rechtssicherheit diente. Denn ein Verstoß und damit die Unwirksamkeit des Beschlusses konnte nach dem alten Recht zeitlich unbegrenzt geltend gemacht werden. Daraus folgt aber nicht zwingend der Schluss, dass der Gesetzgeber nunmehr – jedenfalls unterhalb der Nichtigkeitsschwelle – den reflexiven Minderheitsschutz durch Selbstbetroffenheit der einem Eingriff zustimmenden Mehrheit und die starren Grenzen der Mehrheitsmacht nach § 5 SchVG für ausreichend erachtet. Die Ausrichtung an den „gemeinsamen Interessen" mag zwar als Wirksamkeitsvoraussetzung eines Gläubigerbeschlusses nicht unbedingt tauglich sein. Sie eignet sich aber sehr wohl als materielles Leitprinzip einer verfahrensrechtlich kanalisierten und vor allem zeitlich befristeten Beschlusskontrolle mit der Aufgabe, Eingriffen der Mehrheit in Vermögenspositionen der Minderheit, die der Verfolgung von Sondervorteilen dienen, entgegenzuwirken.[51] Es geht um ungeschriebene materielle Kriterien wie Willkürverbot, Verbot des Rechtsmissbrauchs und Verbot der Verfolgung von Sondervorteilen, konkretisiert in den „gemeinsamen Interessen" der Gläubiger. Deren Verletzung führt nicht, wie noch nach dem SchVG 1899, automatisch zur Unwirksamkeit eines Mehrheitsbeschlusses, wohl aber zu seiner Anfechtbarkeit. Vergleichbar ist im Übrigen der Regelungsmechanismus des Insolvenzrechts. Nach § 78 Abs. 1 InsO hebt das Insolvenzgericht den Beschluss der Gläubiger auf

---

49 *Bernstein*, Über Obligationärsvertretung, Berlin 1936, 67, hat in diesem Zusammenhang den Imperativ geprägt „stimme so wie du stimmen würdest, wenn du andere Vermögenswerte und Vermögenswerte als die Obligationen, mit denen du stimmst, nicht besäßest". Siehe zum Begriff der „gemeinsamen Interessen" insgesamt *Vogel* (Fn. 10), 130 ff.

50 Nachweise bei *Vogel* (Fn. 10), 130 ff.

51 So im Ergebnis jüngst auch *Simon* (Fn. 28), 227 f.

Antrag auf, wenn er dem „gemeinsamen Interesse“ der Insolvenzgläubiger widerspricht. Da es auch vorliegend primär um die Reaktion auf Krisen des Emittenten geht, spricht vieles für ein entsprechendes Verständnis des § 20 SchVG.

Es bleibt die Frage, worin genau die „gemeinsamen Interessen“ der Gläubiger bestehen. Die Antwort liegt auf der Hand: Bei einer Schuldverschreibung als Fremdkapitaltitel kann dies nur das Interesse aller Gläubiger an bestmöglicher Befriedigung aus dem konkreten Leistungsversprechen sein.[52] Verfolgt die Mehrheit andere Interessen als die der größtmöglichen Befriedigung aller Gläubiger der betreffenden Anleihe, ist der Beschluss anfechtbar. Nicht weniger – allerdings auch nicht mehr!

(2) Grenzen der Inhaltskontrolle

Die treuhänderische Bindung darf nicht etwa so weit reichen, dass jeder einzelne der in § 5 Abs. 3 SchVG genannten Beschlüsse einer besonderen sachlichen Rechtfertigung bedarf, wie dies etwa im Aktienrecht nach der Kali-und-Salz-Entscheidung für den Bezugsrechtsausschluss angenommen wird.[53] Bestehen Sonderinteressen der Mehrheit nicht und ist der Beschluss fehlerfrei zustande gekommen, scheidet eine Anfechtbarkeit auch dann aus, wenn die beschlossene Maßnahme letztendlich nicht zu einer höheren Befriedigungsquote führt. Insofern muss ein Beurteilungsspielraum der Gläubigerversammlung bestehen. Alles andere wäre mit dem Zweck der gesetzlichen Neuregelung nicht vereinbar. In aktienrechtlicher Begrifflichkeit gesprochen: Bei den Beschlüssen nach § 5 Abs. 3 SchVG hat der Gesetzgeber bereits selbst die erforderliche Interessenabwägung vorgenommen, mit der Folge, dass diese ihre sachliche Rechtfertigung in sich tragen, vergleichbar dem Auflösungsbeschluss im Aktienrecht.[54] Auch der Auflösungsbeschluss der Hauptversammlung ist nach der herrschenden Meinung einer sachlichen Rechtfertigungsprüfung entzogen. Des Weiteren ist jeder Anleihegläubiger wegen des gesetzlichen Opt-In-Modells nach § 5 Abs. 1 SchVG bereits bei Erwerb der Papiere durch Hinweis in den Anleihebedingungen über denkbare Mehrheitsbeschlüsse informiert. Insofern sind Eingriffe in die Position der hier-

---

52 So zutreffend *Servatius*, Gläubigereinfluss durch Covenants, Tübingen 2008, 257. Vgl. auch *Simon* (Fn. 28), 188 mit Nachweisen zum Insolvenzrecht.

53 BGHZ 71, 40 ff., zum Bezugsrechtsausschluss bei Kapitalerhöhungen. Vgl. auch BGHZ 103, 184 ff. – Linotype.

54 Dazu *Hüffer* (Fn. 20), Rn. 28; *Semler*, in Münchener Handbuch des Gesellschaftsrechts, Band 4, Aktiengesellschaft, 3. Auflage, München 2007, § 41, Rn. 35. Ferner *Ulmer*, in Ulmer/Habersack/Winter (Hrsg.), Großkommentar GmbHG, Tübingen 2008, § 53, Rn. 77, für die Auflösung einer GmbH.

über informierten Teilschuldverschreibungsgläubiger durch Mehrheitsbeschluss bereits vom Markt eingepreist. Dies kann aber nur dann gelten, wenn die Mehrheit keine Sonderinteressen, sondern das „gemeinsame Interesse“ an bestmöglicher Befriedigung verfolgt. Rechtsmissbrauch und Willkür können nicht eingepreist sein. Die Kenntnis, dass ein Zinsverzicht beschlossen werden kann, rechtfertigt nicht, diesen auch dann hinnehmen zu müssen, wenn die Mehrheit hiermit Sonderinteressen verfolgt und diese auch auf Kosten der überstimmten Minderheit durchsetzt. Derartiges hätte negative Auswirkungen auf den Absatz von Schuldverschreibungen, die dem SchVG unterliegen und damit auf die Akzeptanz des Gesetzes selbst.

2. Urteilswirkung

Als Säumnis des Gesetzgebers wird es angesehen, dass er weder die Gestaltungswirkung eines der Anfechtungsklage stattgebenden Urteils nach § 241 Nr. 5 AktG noch die in § 248 Abs. 1 Satz 1 AktG angeordnete Rechtskrafterstreckung im SchVG abgebildet hat.[55] Damit hätte ein stattgebendes Urteil nur relative Rechtskraft (§ 325 ZPO). Würde ein Gläubiger erfolgreich im Wege der Einzelklage die Aufhebung eines Beschlusses erstreiten, dann würde diese grundsätzlich nur zwischen dem Emittenten und diesem einen Gläubiger gelten. Gegenüber allen anderen Gläubigern wäre der Beschluss nach Ablauf der Anfechtungsfrist wirksam. Dies hätte den Effekt, dass die Schuldverschreibungen ein und derselben Emission nunmehr unterschiedliche Rechte verbrieften, etwa unterschiedliche Zinssätze oder Fälligkeiten. Derartiges ist aber nur schwerlich mit der kollektiven Bindung nach § 4 SchVG vereinbar. Danach muss der Schuldner die Gläubiger bei Änderung der Anleihebedingungen aufgrund Mehrheitsbeschlusses gleich behandeln. Deren Zweck besteht in der rechtlich identischen Ausgestaltung der Anleihebedingungen und damit in der Gewährleistung freier Handelbarkeit der Schuldverschreibungen zu einem einheitlichen Preis.[56] Dieser Regelungszweck verlangt nach richtiger Ansicht, dass der Schuldner ein rechtskräftiges Urteil zugunsten eines Gläubigers auch zugunsten der übrigen Gläubiger anwenden muss.[57] Ließe man für diesen Fall eine Durchbrechung der kollektiven Bindung mit der Begründung zu, dass nur der eine Gläubiger Klage erhoben habe und die Inter-

55 *Vogel* (Fn. 5), § 20, Rn. 3 und 53.
56 So die amtliche Begründung zum RegE-SchVG, BT-Drucks. 16/12814, 17.
57 So zutreffend und mit eingehender Begründung *Oulds* (Fn. 48), § 4, Rn. 22 ff. Ebenso *Röh/ Dörfler* (Fn. 48), § 4, Rn. 48 ff.

essen des Kollektivs nicht tangiert seien, so widerspräche dies dem Wortlaut des § 4 Satz 2 SchVG und der gesetzgeberischen Intention, der kollektiven Bindung im Interesse der Fungibilität der Papiere möglichst weite Geltung zu verschaffen. Für diese Auslegung spricht daneben auch folgende Überlegung: Die Vollzugssperre nach § 20 Abs. 3 Satz 4 SchVG kann nur für den Beschluss insgesamt wirken. Sonst würde verhindert, dass sich andere Gläubiger einer Klage anschließen. Wenn nun das Freigabeverfahren erfolglos, die Klage aber erfolgreich wäre, würde ohne Erstreckung der kollektiven Bindung auf die Urteilsformel der rechtswidrige Beschluss gegenüber der Masse der Gläubiger nun plötzlich doch vollzogen werden können obwohl das Urteil in der Sache genau das Gegenteil sagt. Dies wäre widersinnig und liefe letztendlich auf ein „Freikaufen" gegenüber einzelnen Gläubigern hinaus. Hierüber lässt sich – wie an anderer Stelle ausgeführt – zwar nachdenken. Es entspricht aber nicht der Idee des Gesetzes in der in Kraft getretenen Fassung. Im Ergebnis folgt die Rechtskrafterstreckung also unabhängig von einem Anwendungsbefehl der entsprechenden Regeln des Aktienrechts bereits aus der kollektiven Bindung des § 4 SchVG.[58] Hat das Urteil eine Änderung der Leistungspflicht des Emittenten bewirkt (etwa die Erhöhung des zuvor im Beschlusswege gesenkten Zinssatzes), ergibt sich dies bereits aus § 4 Satz 2 SchVG. Handelt es sich um eine Klarstellung jedweder Art, greift das Transparenzgebot des § 3 SchVG. Es bleibt allein das praktische Problem des Fehlens von Bestimmungen über Benachrichtigung und Beteiligung der übrigen Anleger am Anfechtungsprozess sowie die Bekanntmachung der Beschlussaufhebung durch kassatorisches Urteil. Aber auch hier wird man auf Grundlage des Transparenzgebots eine Pflicht des Emittenten annehmen müssen, die übrigen Gläubiger nach dem in den Anleihebedingungen geregelten Benachrichtigungsverfahren von dem Urteil in Kenntnis zu setzen.

Hat der Einzelkläger hingegen mit seiner Klage keinen Erfolg, so wirkt sich dies nicht auf die übrigen Gläubiger aus und es verbleibt bei der relativen Rechtskraft des Urteils.

58 So im Ergebnis für Urteile jeglicher Art auch *Simon* (Fn. 28), 303 f.

VI. Vollzugssperre nach Anfechtung

1. Gegenstand der Vollzugssperre

Grundsätzlich entfaltet ein Gläubigerbeschluss mit seiner Beurkundung in der Niederschrift (§ 16 Abs. 3 Satz 1 SchVG) und Bekanntgabe (§ 17 SchVG) sofortige und unmittelbare Wirkung, da seine Wirksamkeit nicht von einer Registereintragung oder weiteren Formalitäten abhängt. Auch nach erfolgter Anfechtung bleibt der Beschluss zunächst wirksam. Erst mit stattgebender Entscheidung des Gerichts entfällt er rückwirkend. Allerdings müssen weitere Schritte zur Durchführung des Beschlusses, etwa die Umsetzung eines Sanierungsplans, bis zur rechtskräftigen Entscheidung des Gerichts unterbleiben. Denn § 20 Abs. 3 Satz 4 SchVG ordnet für angefochtene Beschlüsse bis zur rechtskräftigen Entscheidung des Gerichts eine Vollzugssperre an. Die Regelung hat Bedeutung für diejenigen Fälle, in denen der angefochtene Gläubigerbeschluss der „Vollziehung" bedarf. Dies betrifft nach dem Wortsinn der Vorschrift zunächst solche Beschlüsse, die tatsächlicher Umsetzungsmaßnahmen bedürfen, um Wirkung zu entfalten. Genannt sei neben der Umsetzung einer konkreten Anweisung an den Gläubigervertreter etwa die zur Durchführung eines von der Gläubigerversammlung gebilligten *debt equity swaps* (§ 5 Abs. 3 Satz 1 Nr. 5 SchVG) erforderliche Kapitalerhöhung.[59] Wegen der in § 2 Satz 3 SchVG enthaltenen Regelung gilt dies im Ergebnis jedoch für alle Beschlüsse, mit denen einer Änderung der Anleihebedingungen zugestimmt wird. Denn Änderungen der Anleihebedingungen aufgrund Mehrheitsbeschlusses der Gläubiger werden danach erst wirksam, wenn sie in der Urkunde oder in den Anleihebedingungen „vollzogen worden sind". Konkret erfolgt dies durch entsprechende Ergänzung oder Änderung der Sammelurkunde (§ 21 SchVG), die damit vom Moment des Widerspruchs bis zum Ablauf der Klagefrist und während eines anhängigen Klageverfahrens nicht erlaubt ist. Für den Versammlungs- oder Abstimmungsleiter bedeutet dieses Vollzugsverbot, dass er den in der Niederschrift dokumentierten Beschlussinhalt noch nicht zum Zwecke der Ergänzung oder Änderung der Urkunde an die Wertpapiersammelbank übermitteln darf. Anders als im Aktienrecht besteht also nicht nur eine faktische Registersperre, sondern eine ausdrückliche gesetzliche Vollzugssperre. Genauso wie im Aktienrecht begründet dies aber ein Missbrauchspotenzial, was das Ins-

59 Dazu *Vogel* (Fn. 5), § 5, Rn. 34 ff., 37.

trument der Vollzugssperre insgesamt in einem zweifelhaften Licht erscheinen lässt.[60]

2. Reichweite der Vollzugssperre

Ungeachtet dessen ist der Gesetzeswortlaut, wonach der Beschluss „vor einer rechtskräftigen Entscheidung" nicht vollzogen werden darf, in zweierlei Hinsicht unvollständig: Zum einen muss neben einem rechtskräftigen Urteil auch eine Klagerücknahme die Vollzugssperre beenden, jedenfalls wenn sie nach Ablauf der Anfechtungsfrist erfolgt.[61] Zum anderen darf der Vollzug nicht erst mit Klageerhebung, sondern er muss bereits mit Beginn der Anfechtungsfrist ausgesetzt sein.[62] Andernfalls würde die Vollzugssperre ins Leere laufen, wenn der Emittent die Umsetzung nur schnell genug in die Wege leitet. Würde aber – wie es eigentlich sein müsste – in jedem Fall eine Vollzugssperre während der gesamten Laufzeit der Anfechtungsfrist bestehen, dann würde dies wiederum in jedem Fall eine zeitliche Verzögerung der Beschlussumsetzung um einen Monat bedeuten. Und dies wirft einmal mehr die Frage nach der Sinnhaftigkeit des gewählten Verfahrens auf.

VII. Freigabeverfahren

1. Gegenstand und Zielrichtung

Wegen der Vollzugssperre kann die für die Sanierung des Schuldners erforderliche Umsetzung eines Mehrheitsbeschlusses durch einzelne Gläubiger mittels Anfechtungsklage blockiert werden, um daraus persönliche Sondervorteile zu ziehen, selbst wenn der Beschluss im Ergebnis rechtmäßig ist. Um derartige missbräuchliche Anfechtungsklagen möglichst auszuschließen, besteht wie im Aktienrecht die Möglichkeit eines Freigabeverfahrens als einem speziellen gerichtlichen Beschlussverfahren zur Überwindung der Vollzugssperre. § 20 Abs. 3 Satz 3 SchVG verweist auf die einschlägige aktienrechtliche Regelung. Damit darf der angefochtene Beschluss trotz erhobener Anfechtungsklage vollzogen werden,

60 Kritisch vor allem *Schneider* (Fn. 1), 18 ff.
61 Hierauf hat *Baums* (Fn. 3), 5, zu Recht hingewiesen.
62 Ähnlich wie hier *Maier-Reimer* (Fn. 1), 1321. Vgl. dazu auch *Simon* (Fn. 28), 276 f.

wenn das Prozessgericht auf Antrag des Schuldners analog § 246a AktG feststellt, dass die Erhebung der Klage dem Vollzug des angefochtenen Beschlusses nicht entgegensteht. Anders als im Aktienrecht richtet sich der Freigabebeschluss allerdings nicht an den Registerrichter, sondern an das Leitungsorgan des Emittenten oder den gewählten Gläubigervertreter. Auch geht es hier – wie ausgeführt[63] – nicht um die Überwindung einer faktischen Registersperre, sondern eines ausdrücklichen gesetzlichen Vollzugsverbots. Demgemäß hat der Gesetzgeber dem Freigabeverfahren durch seine Übertragung in das SchVG eine neue Zielrichtung gegeben.

2. Verfahrensbeschleunigung

Dies bedeutet aber nicht notwendig, dass das Freigabeverfahren bei Gläubigerbeschlüssen schneller von Statten gehen wird als bei Hauptversammlungsbeschlüssen. Betrachtet man die in der aktienrechtlichen Praxis übliche Verfahrensdauer von acht bis neun Monaten,[64] dann ist eher zweifelhaft, ob das Freigabeverfahren missbräuchlichen Klagen wirksam verhindert. Dies gilt umso mehr als die nach § 5 Abs. 3 SchVG beschlossenen Sanierungsmaßnahmen aus Unternehmenssicht regelmäßig (noch) eilbedürftiger sein werden als von Aktionären beschlossene Strukturmaßnahmen in der Aktiengesellschaft. Im Rahmen der Überarbeitung des Bundesschuldenwesengesetzes ist zwar jüngst auch eine Verfahrensbeschleunigung in § 20 SchVG erfolgt.[65] Für das Freigabeverfahren ist nunmehr das Oberlandesgericht zuständig, dessen Beschlüsse unanfechtbar sind. Dies war aber – wohlgemerkt – nur eine Anpassung an die Regelung des § 246a AktG in der Fassung des ARUG[66] und nicht etwa eine beschleunigende Weiterentwicklung gegenüber dem Aktienrecht.

3. Abwägungskriterien

Des Weiteren lassen sich die Beschlussvoraussetzungen des § 246a Abs. 2 AktG nicht eins zu eins übertragen. Unproblematisch mag das sein für die dort in

63 Siehe oben VI. 1.
64 Vgl. *Baums* (Fn. 3), 5.
65 Art. 2 des Gesetzes zur Änderung des Bundesschuldenwesengesetzes vom 13. September 2012, BGBl. I, 1914.
66 Gesetz zur Umsetzung der Aktionärsrichtlinie vom 30. Juli 2009, BGBl. I, 2479.

Nr. 1 und 2 genannten Kriterien: Der Freigabebeschluss darf in entsprechender Anwendung des § 246a Abs. 2 AktG ergehen wenn die Anfechtungsklage unzulässig oder offensichtlich unbegründet ist oder der Kläger nicht binnen einer Woche nach Zustellung des Antrags nachweist, dass er seit Einberufung der Gläubigerversammlung Schuldverschreibungen im Nennwert von mindestens 1.000 Euro hält. Problematisch ist wegen eines anderen Verlaufs der „Fronten" im Schuldverschreibungsrecht aber die sinngemäße Anwendung von § 246a Abs. 2 Nr. 3 AktG. In diesem Zusammenhang hat *Maier-Reimer* einleuchtend dargelegt, dass es hier bei Beschlüssen, die in Rechte der Gläubiger eingreifen, nur um eine summarische Abwägung gehen kann, ob die beschlossene Änderung der Anleihebedingungen im Zeitpunkt der Beschlussfassung zur Vermeidung der Insolvenz des Schuldners notwendig schien.[67] Denn nach § 246a Abs. 2 Nr. 3 AktG soll das Gesamtinteresse der Gesellschaft und ihrer Aktionäre auf der einen Seite abgewogen werden gegen das Individualinteresse des einzelnen Klägers auf der anderen Seite. Bei Gläubigerbeschlüssen laufen das Schuldnerinteresse und das Interesse der Gläubigermehrheit aber nicht parallel. Ein Vorteil für den Schuldner bedeutet immer einen Nachteil für alle Gläubiger, d.h. auch diejenigen, die dem Beschluss zugestimmt haben. Denn es wird in die einheitlich verbrieften Gläubigerrechte eingegriffen und eine Zinsreduktion ist zunächst einmal auch für denjenigen Gläubiger von Nachteil, der ihr zugestimmt hat. Zu einer anderen Sichtweise gelangt man nur, wenn man etwaige Sondervorteile der Mehrheit in die Abwägung mit einbezieht. Und dies bedeutete dann wiederum die Anfechtbarkeit des Beschlusses von vornherein. Ein Interessengleichlauf zwischen Schuldner und Gläubigermehrheit oder -gesamtheit besteht also nur, wenn die Änderung der Anleihebedingungen zur Vermeidung der Insolvenz des Schuldners notwendig war. Nur dies kann bei Beschlüssen, die in Rechte der Gläubiger eingreifen, das für das Gericht maßgebliche Abwägungskriterium sein.

Bei möglicherweise ebenfalls eilbedürftigen aber inhaltlich eher technischen Änderungen (etwa einem Schuldnerwechsel aus steuerlichen Gründen unter Beibehaltung der Garantie der Konzernmutter) wird dagegen eine Abwägung zwischen Schuldner- und Klägerinteresse genügen.[68]

67 *Maier-Reimer* (Fn. 1), 1322.
68 *Maier-Reimer* (Fn. 1), 1322.

VIII. Thesen

1. Um die Anerkennung einer Beschlussnichtigkeit in extremen Situationen wird man kaum umhin kommen. Der Gesetzgeber sollte die Nichtigkeitsgründe und ihre Geltendmachung wie im Aktienrecht klarstellend einschränken.
2. Gläubigerbeschlüsse unterliegen einer (begrenzten) materiellen Beschlusskontrolle anhand des Maßstabs der „gemeinsamen Interessen" der Gläubigergesamtheit. Ohne ein derartiges materielles Kriterium wird man nicht auskommen. Wie es letztendlich benannt wird, ist dann nichts weiter als eine Frage der Begrifflichkeit. Eine gesetzliche Klarstellung erscheint nicht zwingend. Inhaltlich muss sich die materielle Beschlusskontrolle beschränken auf den Ausschluss sachfremder Erwägungen als Grundlage eines Eingriffs der Mehrheit in Rechte und Ansprüche der Minderheit.
3. Die Gestaltungswirkung des der Anfechtungsklage stattgebenden Urteils folgt bereits aus der kollektiven Bindung des § 4 SchVG. Eine – wenngleich nicht zwingende – gesetzliche Klarstellung könnte in Gestalt eines Hinweises in § 20 SchVG erfolgen, dass ein der Anfechtungs- (und Nichtigkeits-) Klage stattgebendes Urteil der kollektiven Bindung des § 4 SchVG unterliegt.
4. Der gesetzlichen Korrektur und Präzisierung bedürfen, nicht zuletzt im Interesse der Beschleunigung, Vollzugssperre und Freigabeverfahren.

Philipp v. Randow

§ 4 Das Handeln des Gemeinsamen Vertreters – Engagiert oder „zur Jagd getragen"? Rückkoppelungseffekte zwischen *business judgment rule* und Weisungserteilung

Inhaltsverzeichnis

I. Einleitung

Der Gemeinsame Vertreter kann in das Fadenkreuz der Anleihegläubiger geraten und in das des Emittenten. Er hat daher das rechte Maß zu finden zwischen Engagement, Sorgfalt und Konfliktbewältigung bei der Erfüllung seiner Aufgaben. Das gilt insbesondere dann, wenn der Schuldner in die Krise geraten ist und im Kreis der Anleihegläubiger der Ruf nach einem „aktiven" und engagierten Vertreter laut wird. Um einen „Hilferuf" handelt es sich dabei nicht immer. Vielmehr haben sich einzelne Investoren darauf spezialisiert, Anleihebedingungen zu durchforsten, um etwaige – und sei es auch nur „technische" – Verstöße gegen rechtliche Vorgaben zu entdecken. Sind sie fündig geworden, aber durch „no-action"-Klauseln daran gehindert, selbst tätig zu werden, schauen sie auf den Gemeinsamen Vertreter und erwarten von ihm die aggressive Wahrnehmung ihrer Rechte[1]. Dazu kann gehören, aktiv die Fälligstellung zu fordern und so Drohpotential aufzubauen gegen den Emittenten; freilich, das muss nicht jedem Gläubiger recht sein, z.B. solchen, die bei zunächst eintretenden Kursverfall aus anlagerechtlichen Gründen gehalten ist, sich kostspielig vom Engagement zu trennen.

1 Diese Taktik kann für Investoren, welche erst versuchsweise und ohne großen Aufwand in eine Anleihe einsteigen, sehr profitabel sein. Wer *default*-Diskussionen auslöst und hernach und nach dem daraus folgenden schweren Kursrutsch der Schuldverschreibungen einsteigt, kann über anschließende vertragliche Verbesserungen (sei es durch zusätzliche Schutzbestimmungen oder Sicherungen) oder durch andere Abreden erhebliche Wertaufschwünge erzielen.

Konflikte innerhalb derselben Anleihegläubigerklasse sind damit programmiert. Und sie übertragen und bündeln sich dann in der Person des Gemeinsamen Vertreters – jedenfalls dann, wenn er exklusiv damit betraut ist, über die Ausübung von Gläubigerrechten zu befinden. Der gemeinsame Vertreter steht dann vor der Frage, ob er den Forderungen aggressiver Obligationäre nachgeben soll oder nicht.[2] Er muss deshalb wissen, was seine Rolle ist. Dazu ist die Reichweite seiner Interventionsmöglichkeiten und -pflichten im Spannungsfeld zwischen gesetzlicher und rechtsgeschäftlicher Aufgabenzuweisung, *business judgment rule*, Haftungsbeschränkung und der Beschlusskontrolle näher zu bestimmen; ansonsten wird es nicht zur gewünschten Koordinierung des Gläubigerverhaltens durch den Gemeinsamen Vertreter kommen. Im Folgenden soll eine Diskussion über die dabei entstehenden Rückkoppelungseffekte angestoßen werden, welche sich mit dem gesetzgeberischen Idealbild nicht so recht zu vertragen scheinen.

II. Idealbild

Bei der notwendigen Ausmessung des Pflichtenprogramms eines Gemeinsamen Vertreters wird man sich von manchen Illusionen verabschieden müssen. Denn während in der Theorie – zuweilen fast schwärmerisch – das Lob des Gemeinsamen Vertreters als Agent zur Bewältigung von Kollektivhandlungsproblemen gesungen wird, notiert die Praxis nüchtern, dass er, von der Wahrnehmung bloß administrativer Aufgaben abgesehen, häufig „zur Jagd getragen" werden muss und ohne allfällige Weisungen, Bestätigungen und Haftungsentlastungen untätig bleibt – und zwar vor allem dann, wenn anderes nottäte, also insbesondere im Falle, dass eine Störung des Anleiheschuldverhältnisses vorliegt, die rasch bewältigt werden müsste.

Zugegeben: Die Einschaltung eines Gemeinsamen Vertreters verspricht auf den ersten Blick beträchtlichen Nutzen.[3] Der Zersplitterung ihrer Anspruchspositionen wegen und auf Grund der Anonymität der Anspruchsinhaber besteht die Gefahr, dass sich die Anleihegläubiger selbst nicht oder nur unzureichend informieren und organisieren, insbesondere bei der Überwachung und Durchsetzung ihrer Rechte. Dagegen könnte der Gemeinsame Vertreter – jedenfalls der Idee nach – vor allem bei Restrukturierungen segensreich wirken: Schon

---

2 *Rawlings*, J.B.L. 2007, JAN, 43–66; *Kaplan/Hebbeln*, The Indenture Trustee as Target and Protector in an Activist World; (paper presented for the American Bar Association, Section of Business Law (2011) jeweils m.w.N.

3 *Amihud/Garbade/Kahan*, 51 Stanford Law Review (1999), 447 et seq.

im Vorfeld kann der gemeinsame Vertreter mit Blick auf etwaige Störungen des Pflichtenprogramms des Emittenten hilfreich sein. So wäre daran zu denken, dass er die Einhaltung von schuldnerischen Pflichten prüft oder bestätigt, eine Störung feststellt, Abhilfe anmahnt, und Rechtsbehelfe zentral, d.h. mit Wirkung für alle ausübt. Und bei den Verhandlungen mit dem Schuldner vermöchte er als einziger Ansprechpartner fungieren, so dass der Schuldner sich nicht mit einer Vielzahl von Gläubigern auseinanderzusetzen hätte. Er könnte auch durch die Vertretung sämtlicher Anleihegläubiger mit größerer Verhandlungsmacht gegenüber dem Schuldner auftreten, und diesem gegenüber eine Position vertreten, welche einheitlich, verlässlich und nicht durch Partikularinteressen geprägt ist. Kontrolle, Kommunikation und Koordination zu Gunsten und für die Anleihegläubiger – das ist das Idealbild eines Gemeinsamen Vertreters. Aber hat eigentlich jemand danach gefragt, ob er diesem Bild auch entsprechen will?

III. Praxis

Der Blick in die Praxis lehrt: Der Gemeinsame Vertreter ist zumeist und vor allem darauf bedacht, seine Aufgaben, seine Verantwortung und damit sein Haftungsrisiko zu *minimieren*. Der Grund dafür liegt auf der Hand: Mit den (tatsächlichen und den von der Theorie imaginierten) Aufgaben und Befugnissen des Gemeinsamen Vertreters verknüpfen sich über seine Vergütung hinaus keine wirtschaftlichen Vorteile (*economies of scope*), welche von ihm über das Mandat hinaus rechtlich unbedenklich und wirtschaftlich vorteilhaft genutzt werden könnten. So verwundert es denn auch nicht, dass die Rolle des Gemeinsamen Vertreters, von wenigen Ausnahmen abgesehen, und vergleichbar mit der des Sicherheitenagenten in syndizierten Kreditverträgen, Beiprogramm anderer wirtschaftlicher Tätigkeiten ist – sei es im Bank- oder Prüferwesen. Und auch die Vergütung – selbst wenn sie erfolgsabhängige Elemente enthalten würde und dürfte – genügte allein jedenfalls nicht für die Bereitschaft, Haftungsrisiken aus der Tätigkeit ohne weiteres zu übernehmen. Risiko und Erfolg fallen, wie noch zu illustrieren sein wird, regelmäßig zu weit auseinander. Daher finden sich in Markt der Gläubigervertretung verschiedene Mechanismen der Risikobewältigung und -reduzierung, die von Gemeinsamen Vertretern ergriffen werden. Und sie alle signalisieren das Gleiche: Der Gemeinsame Vertreter ist weit davon entfernt, engagierter und machtvoll agierender Interessenagent der Anleihegläubiger sein zu können oder zu wollen.

In der Praxis beobachten lässt sich beobachten, dass kautelarisch Vorsorge dagegen getroffen wird, dem Gemeinsamen Vertreter Entscheidungen, insbesondere unter Ausübung eigener Beurteilung oder eigenen Ermessens zu überantworten – etwa für die Bestimmung, ob ein Umstand oder eine Handlung auf Seiten des Emittenten für die Gläubiger wesentlich nachteilig (und Grundlage für ein Kündigungsrecht) ist. Nämliches gilt auch und erst recht für die Delegation etwaiger Rechts- oder Ausübungsverzichte; und auch die Pflicht zur Bestätigung oder auch nur Überprüfung der Richtigkeit, Vollständigkeit oder Angemessenheit von Informationen oder Stellungnahmen des Emittenten wird in der Regel tunlichst vermieden. Ergänzt werden entsprechende Beschränkungen des Pflichtenprogramms durch weitere Schutzbestimmungen, etwa dergestalt, sich auf Erklärungen, Schriftstücke beteiligter Parteien ohne weiteres – und d.h. unter der Annahme der (Vertretungs-)Befugnis der Erklärenden und ohne eigene Nachforschungen – verlassen zu dürfen. Auf dritter Stufe wird zumeist und flankierend angeordnet, dass eine Pflicht zum Handeln ohnehin nur auf vorgängig zu leistenden spezifische Weisung (und/oder) Versicherung zu erfüllen ist. Und schließlich werden diese Eingrenzungen noch ergänzt um allfällige Haftungsbeschränkungen. Ein Gläubigervertreter, der es verabsäumt, derlei Beschränkungen zu vereinbaren (oder auf sie wegen Grund zwingender gesetzlicher Vorgaben oder etablierter Markterwartungen verzichtet), gerät nur zu rasch ins Kreuzfeuer, wie sich auch in jüngerer Zeit in einigen praktischen Fällen gezeigt hat.[4]

Nichts anderes dürfte auch zu erwarten sein, soweit es um das gut gemeinte Modell des SchVG geht, welches dem Gemeinsamen Vertreter – insbesondere dem generalbevollmächtigten Gemeinsamen Vertreter – die Wohltat der *business judgment rule* angedeihen lässt und dazu noch Haftungsbeschränkungen zulassen will. Wer erwartet, dass sich nunmehr Gemeinsame Vertreter finden werden, die sich – womöglich unter Teilaufgabe der o.g. vertraglichen Schutzvorkehrungen – deshalb sich auf eine Generalbevollmächtigung und die damit verbundenen Handlungs- und Ermessensspielräume einlassen und sie auch ausüben und -nutzen, dürfte schnell enttäuscht werden. Denn der nach Maßgabe des § 7 SchVG bestellte Gemeinsame Vertreter (aber auch jener, dem nach § 8 SchVG Spezialvollmacht zur Geltendmachung von Kündigungsrechten oder sonstigen Vertragsbehelfen erteilt ist) kann – mit Bezug auf und zur Ausübung der ihm gesetzlich und/oder vertraglich zugewiesenen Befugnisse – von den Gläubigern immer

4 Dazu *Rawlings*, J.B.L. 2007, JAN, 43–66; *Kaplan/Hebbeln*, The Indenture Trustee as Target and Protector in an Activist World; (paper presented for the American Bar Association, Section of Business Law (2011) jeweils m.w.N.; *dies.*, Doing Well by Doing Right: The Ethical-Legal challenge of the Indenture Trustee in an Activist World, ABA Trust & Investments (July/August 2008), 34 et seq.; *Schwarcz/Sergi*, 59 Ala. L. Rev. (2008) 1037; vgl. auch *Schwarcz*, 54 N.Y. Law School Rev. (2009), 707 et seq.

noch Weisungen erbitten. Das gilt auch und gerade für unternehmerische Entscheidungen. Solche Weisungen ergehen durch Beschlüsse der Gläubiger. Diese Beschlüsse wiederum unterliegen den Anfechtungsregeln und der – nur über ein Freigabeverfahren aufhebbaren – Vollzugssperre.

Für den gemeinsamen Vertreter ist dies eine *Win/Win*-Situation: Wird der Beschluss nicht angefochten, ist seine Umsetzung durch ihn haftungsfrei. Dem gemeinsamen Vertreter steht nämlich kein Recht zur Abweichung von der Weisung zu. Erst recht kann im Einzelfall dann auch keine solche Pflicht bestehen. Das bedeutet zugleich: Folgt er der (unangefochtenen/anfechtungsfesten) Weisung, handelt er sorgfaltsgemäß. Wird der Beschluss dagegen angefochten, sind ihm die Hände – jedenfalls bis zur Freigabe – gebunden; wird freigegeben, dann muss die Umsetzung durch ihn ebenfalls haftungsrechtlich unbedenklich sein.

So oder so – die gewünschte Tätigkeit des Gemeinsamen Vertreters bleibt risikofrei. Nur leider: die Umsetzung lässt auf sich warten, mindestens bis zum Zeitpunkt der Gläubigerversammlung und womöglich bis zum rechtskräftigen Abschluss des Anfechtungsprozesses! Kurz: Der Gemeinsame Vertreter hat es in der Hand, durch das Erbitten von Weisungen (und entsprechenden Abstimmungen) im Restrukturierungsprozess Zeitverzögerungen herbeizuführen und Mehrheits- und Minderheitsgläubiger in den Konflikt zu führen. Und er wird es aus dem legitimen Interesse, sein Haftungsrisiko dadurch zu beschränken, auch tun. Was kann er dafür, dass dieses Bestreben restrukturierungsgefährdende Zeitverzögerungen und -Konflikte heraufbeschwört?

Der generalbevollmächtigte Gemeinsame Vertreter kann also, wenn er in Grauzonen kommt, eine Weisung „erbitten" und damit den Weg zur Beschlusskontrolle eröffnen. Diese Aussicht wiederum mag einzelne Anleihegläubiger (jedenfalls solche mit überragendem Interesse an den Entscheidung) dazu bewegen, ihm eine Haftungsfreistellung zu verschaffen – so dass er agieren kann, ohne eine Weisung zu erbitten, was – wie wir wissen – kostbare Zeit verschenken würde. Dies wäre nach der gegenwärtigen Gesetzeslage sogar möglich, weil weder gegen die Stimmenkaufsverbote des § 6 verstoßen würde oder ein Inkompatibilitätsmerkmal iSd § 7 Abs. 1 Satz 2 Nr. 1 bis 4 (iVm § 8) vorläge. Es ist vielmehr legitim und legal, wenn der Gemeinsame Vertreter um solchen Schutz nachsucht.

Soll man wirklich erwarten, dass Gemeinsame Vertreter diese Option aufgeben, weil man ihnen versichert, dass ihr Haftungsrisiko durch grundsätzliche Leitlinien für seine Tätigkeit und eine weitherzige Anwendung der *business judgment rule* gemindert sei? Schauen wir uns das etwas genauer an:

Was gibt das Recht dem Gemeinsamen Vertreter an Orientierung? Vielleicht nur dies:

- Der Gemeinsame Vertreter vertritt allein die Gläubigerinteressen und hat zum Wohle der Gläubiger zu handeln. Der Gemeinsamen Vertreter ist definitiv nicht eine unabhängige neutrale Schiedsstelle und hat schon gar nicht zwischen den Emittenteninteressen und den Interessen der Mehrheit der Gläubiger zu vermitteln. Auch sieht der Gesetzgeber im gemeinsamen Vertreter nicht etwa eine Art Treuhänder. Der gemeinsame Vertreter hat also die „Gläubiger" des Emittenten (bzw. die Gläubiger als Berechtigte gegenüber dem Sicherungsgeber) zu vertreten.

- Das Pflichtenprogramm des gemeinsamen Vertreters ist beschränkt auf die weitgehend administrativen Aufgaben nach SchVG und den ihm in den Anleihebedingungen eröffneten und per Beschluss der Gläubigersammlung übertragenen (bzw. per Weisung konkretisierten) Befugnisse. Darüber hinaus reichende Treue- oder Loyalitätspflichten bestehen nicht. Dort, wo der Gesetzgeber Fragen der Treue oder Loyalität berührt sah – etwa bei potentiellen oder tatsächlichen Interessenkonflikten – hat er entsprechende Transparenz- oder Inkompatibilitätsvorschriften geschaffen. Wird der Gemeinsame Vertreter diesen Vorschriften gerecht, ist es nicht angängig, seine vom Gesetz insoweit akzeptierte Konfliktbefangenheit zum Auslöser für erhöhte Pflichtenintensitäten – etwa bei Auslegung des Haftungsmaßstabs – zu machen. Und dort, wo die Gläubiger ihm Generalvollmacht erteilen können und sich insoweit der (Beschluss-)Kontrolle seiner Einzelentscheidungen entschlagen, ist es nicht angängig (und auch, wie gleich zu zeigen sein wird, *self-defeating*, ihm dann eigens erhöhte Sorgfaltspflichten für sein Vorgehen aufzuerlegen).[5]
- Die vom Gemeinsamen Vertreter zu vertretende Gläubigerposition wird von den in der Schuldverschreibung verbrieften Rechten bestimmt. Die für die Vertretung maßgeblichen Rechte der Gläubiger sind solche, die ihnen als Berechtigte aus den inhaltsgleichen Schuldverschreibungen einer Gesamtemission des Schuldners zustehen. Das sind Rechte (insbesondere Zahlungsansprüche und Gestaltungs- und Informationsrechte), die in der entsprechenden Urkunde selbst verbrieft, in Zusammenhang mit und abhängig von dieser Berechtigung zusätzlich vertraglich gewährt worden oder für sie in Gesetzen (wie dem SchVG, dem BGB, dem UmwG oder der InsO – wie etwa das Recht zur Insolvenzantragstellung) mit Bezug auf die vorstehenden Rechtspositionen für sie vorgesehen sind. Nicht erfasst sind demnach Rechte etwa aus kapitalmarkt- oder (sonstig) deliktsrechtlicher Haftung. § 7 Abs. 2 Satz 3 SchVG ist mithin keine Vorschrift, welche als Einfallstor für die kollektive Rechtswahrnehmung in Anleiheangelegenheiten allgemeiner Art genützt werden dürfte. Umstände außerhalb des verbrieften Rechts bleiben

5 Dezidiert a.A. *Simon*, Das neue Schuldverschreibungsgesetz und Treuepflichten im Anleiherecht als Bausteine eines außergerichtlichen Sanierungsverfahrens (2012), S. 313.

für den Gemeinsamen Vertreter zur Bestimmung seiner Rechte und Pflichten gegenüber den Gläubigern mangels abweichender Weisung (dazu sogleich) außer Betracht. Zu diesen unbeachtlichen Umständen zählen auch solche, die sich in Partikularinteressen niederschlagen, wie etwa solche
(a) der Groß- oder Mehrheitsgläubiger,
(b) der Minderheitsgläubiger, oder
(c) von Gläubigern, die
    (i) zugleich weitere strukturell- oder vertraglich vor- oder nachrangige Gläubigerpositionen halten,
    (ii) auf die in Rede stehenden oder betroffenen Gläubigerpositionen insgesamt Kreditausfallversicherungen gewährt oder genommen bzw. Kreditderivate gekauft oder verkauft, bzw.
    (iii) Teilrisiken (etwa Zins- oder Währungsrisiken) durch Hedgegeschäfte abgesichert haben,
    (iv) ihrer Gläubigerpositionen über, zu oder unter par erworben haben, oder (v) die auf Beschleunigung oder Maximierung der Rückzahlung oder Erwerb von Eigentümerpositionen zielen.

– Der Gemeinsame Vertreter hat sein Handeln danach auszurichten, den (Verkaufs-) Wert der Anleihe bis zum Betrag des Versprochenen zu erhalten bzw. wiederherzustellen, nicht aber (darüber hinaus) zu maximieren. M.a.W.: Leitlinie seines Handels ist das Versprochene. Würde sich sein Pflichtenprogramm auch auf eine unbeschränkte Wertmaximierung zu Gunsten der Anleihegläubiger erstrecken, hieße dies, sich nicht mehr an der Gläubigerstellung der Vertretenen zu orientieren, sondern sie als Investoren zu betrachten – dies würde das Kalkül für seine Entscheidung dramatisch erweitern, weit über die Kompetenz eines Vertreters der Anleihegläubiger hinaus. Man mag einwenden, dass das Versprochene als „Obergrenze" wenig praktisch sei, weil der Wert der betroffenen Schuldverschreibungen in der Krise in der Regel ohnehin so stark beeinträchtig ist, so dass mit einer vollständigen Wertaufholung nicht zu rechnen und diese nur ein theoretischer Fall sei. Indes versperrte man sich damit die weitere, aus dem Oben gesagten folgende Einsicht, dass der gemeinsame Vertreter im Rahmen seiner Generalbevollmächtigung auch nicht gehalten ist, ohne weiteres auf eine tiefgreifende Veränderung des Wertpapiers – etwa mit Eigenkapitalelementen – hinzuwirken. Dort, wo Gläubiger derlei wünschen, sind entsprechende Weisungen zu erteilen; im Rahmen einer nicht näher spezifizierten Generalbevollmächtigung kann eine solches Pflichtenprogramm nicht gesetzt werden.

Und kann nun aus den o.g. Grundsätzen etwas für den Gemeinsamen Vertreter gewonnen werden, der vor der Wahl steht, ein Kündigungsrecht auszuüben oder noch zuzuwarten, weil Restrukturierungsverhandlungen (einschließlich etwaiger Anpassungen der Anleihebedingungen) womöglich unter Zugrundelegung von Erwartungswerten einen höheren Wert der Anleihe versprächen? Das wird, wenn überhaupt, im Einzelfall nur mit größter Mühe gelingen. Das Erbitten einer Weisung erscheint attraktiver – jedenfalls für Zwecke der Verminderung des Haftungsrisikos.

Aber vielleicht hilft ihm die *business judgment rule*? Theoretisch ist zweifellos richtig, dass ihre Reichweite (mit-)bestimmt, wie weit der gemeinsame Vertreter bereit ist, ohne Weisung zu arbeiten. Praktisch besehen ist sie ihrer Reichweite aber niemals so exakt definiert, wie es eine Weisung (oder eine Haftungsfreistellung) wäre. Wird ihm zusätzlich – und wegen des Umstandes, dass seine Entscheidungen im Rahmen der Generalbevollmächtigung grundsätzlich nicht mehr abstimmungs- und beschlussbedürftig sind – eine gesteigerte Sorgfalts- ja Treuepflicht imputiert, sinkt die Attraktivität der *business judgment rule* noch weiter. Hinzukommt, dass der Weg über die Weisung zugleich jedes Kopfzerbrechen darüber vermeidet, ob der generalbevollmächtigte Gemeinsame Vertreter über das SchVG hinaus für wesentliche Entscheidungen sogar einer ungeschriebenen Vorlagepflicht unterliegt (auf deren Konstruktion durch die Theorie man gewiss nicht mehr lange warten muss). Und zuletzt ist auch daran zu denken, dass Gläubigen, die sich durch das Vorgehen des Gemeinsamen Vertreters dann benachteiligt fühlen, unter dem Hinweis darauf, dass bestimmte Tätigkeiten des Gemeinsamen Vertreters beförderten lediglich oder vorrangig Partikularinteressen, sein Handeln als vertragswidrig per Unterlassungs- oder Schadensersatzklage attackieren könnten. § 7 Abs. 2 Satz 2 SchVG hinderte sie daran nicht. Wozu sich dieser Risiken aussetzen, wenn man Weisungen erbitten (oder unter Hinweis auf den Verzögerungseffekt des Beschlussverfahrens) weitestgehende Haftungsfreistellungen erbitten könnte?

Fassen wir zusammen: Wenn ein generalbevollmächtigter Gemeinsamer Vertreter vor der Wahl steht, ein Kündigungsrecht auszuüben oder noch zuzuwarten, weil Restrukturierungsverhandlungen (einschließlich etwaiger Anpassungen der Anleihebedingungen) womöglich unter Zugrundelegung von Erwartungswerten einen höheren Wert der Anleihe versprächen – was wird er tun? Wird er versuchen, nach allgemeinen Prinzipen der Interessenvertretung das Richtige zu treffen, oder wird er ankündigen, um eine Weisung nachzusuchen? Die Frage stellen, heißt, sie zu beantworten.

Wer dies zur Einsicht nimmt, wird erkennen, dass eine weitherzige Auslegung der *business judgment rule* (und die analoge Anwendung der Beweislastregel des § 93 AktG) allein nicht genügen wird, um den Gemeinsamen Vertreter zu aktivieren – und zugleich das Dilemma sehen, welches durch die Verzögerungen auf Grund des Beschlussverfahrens entstehen, wenn er um Weisungen nachsucht.

Was bleibt, ist über pragmatische Mittelwege nachzudenken. Er könnte etwa darin gefunden sein, dass auch außerhalb des Beschlussverfahrens Weisungen mit Bindungswirkung und Haftungsbefreiung erbeten und erteilt werden können. Dies (und das genaue Verfahren) müsste dann aber der Beschluss zur Ermächtigung des Gemeinsamen Vertreters vorsehen. Für eine solche – auch zeitsparende – Lösung spricht, dass, wenn die qualifizierte Mehrheit den Gemeinsamen Vertreter die Macht verleihen kann, weitreichende Entscheidungen ohne weitere Beschlüsse der Gläubigerversammlung zu treffen, ihr es erst recht möglich sein muss, diese Freiheit mit einem informellen Beschlussverfahren einzuschränken. Hier ist freilich noch viel im Ungewissen.

IV. Schlussbemerkung

Der Gemeinsame Vertreter ist eine gefährdete Spezies. Er verdient unseren Schutz. Dazu gehört, unsere Erwartungen an ihn zurückzuschrauben, und ihn nicht haftungsrechtlich so zu bedrohen, dass er scheut.

Christoph Keller und Nils Kößler[1]

§ 5 Die Bedeutung des Schuldverschreibungsgesetzes für deutsche Staatsanleihen im Lichte der jüngsten Entwicklungen

Inhaltsverzeichnis

Seit Erlass des Schuldverschreibungsgesetzes von 2009 (SchVG) zeichnet sich ab, dass die Emissionspraxis der deutschen Staatsanleihen im Hinblick auf kollektive Gläubigermechanismen („Collective Action Clauses" – CACs), wie sie das SchVG erstmals rechtssicher ermöglicht, substantiellen Änderungen unterliegen wird. Während die Haltung inländischer öffentliche Emittenten noch bei Verabschiedung des SchVG reserviert war, hat sich die Situation seit Mai 2010 grundlegend geändert: Verschiedene Mitgliedstaaten der Eurozone sind mit Verbindlichkeiten in ihrer Währung in Schwierigkeiten geraten und mussten um internationale Hilfe nachsuchen. Vor dem Hintergrund der politischen Forderung nach einer Beteiligung der bestehenden Gläubigerschaft („private sector involvement", „PSI") musste schließlich Griechenland im Frühjahr 2012 eine Umschuldung (mithilfe entsprechender Klauseln) bemühen. Politische und rechtliche Festlegungen der Eurogruppe über die künftige Dokumentation der (verbrieften) Staatenschuld im Hinblick auf eine potentiell erforderlich werdende Umschuldung folgten. Bei den nationalen Umsetzungsarbeiten sind auch gewisse „Unzulänglichkeiten" des durch das SchVG geschaffenen gesetzlichen Gestaltungsrahmens aufgegriffen worden.

Die nachfolgende Abhandlung zeichnet im Einzelnen die verschiedenen Entwicklungslinien nach, beginnend (i) mit dem SchVG und der darin zum Ausdruck gekommenen traditionellen Haltung der öffentlichen Hand zu CACs, leitet über

1 *Dr. Christoph Keller* ist Abteilungsleiter und *Dr. Nils Kößler* ist Mitarbeiter im Zentralbereich Recht der Dt. Bundesbank. Der Beitrag gibt ausschließlich die persönliche Meinung der Autoren wieder.

(ii) zur Griechenland-Umschuldung („PSI") und deren rechtlichen Besonderheiten und Ergebnisse unter dem (neuen) Blickwinkel einer Beteiligung privater Gläubiger, soll (iii) die von der Eurogruppe gezogenen Konsequenzen in Gestalt der Empfehlungen des Wirtschafts- und Finanzausschusses für „Umschuldungsklauseln" der Mitgliedsstaaten der Eurozone im Hinblick auf Art. 12 Abs. 3 des ESM-Vertrags erläutern und schließlich (iv) einen Überblick über die gesetzgeberischen Schritte in Deutschland zur Umsetzung der Empfehlungen liefern.

I. Schuldverschreibungsgesetz von 2009

Das *Gesetz über Schuldverschreibungen aus Gesamtemissionen* vom 31.7.2009 (SchVG) sollte einen Schlusspunkt für die durch die Empfehlungen der G 10 aus 2002 im Gefolge der Argentinien-Krise ausgelöste Entwicklung setzen.[2] Jene forderten von den Jurisdiktionen der G 10, kollektive Abstimmungsmechanismen auf vertraglicher Grundlage für die verbriefte *Auslandsschuld* eines öffentlichen Emittenten zu ermöglichen bzw. einzuführen.[3] Wesentliches Merkmal der Auslandsschuld eines öffentlichen Emittenten ist, dass sie aus Sicht des Emittenten regelmäßig in fremder Währung denominiert ist, fremdem Recht unterliegt und zumeist auch an einem fremden Gerichtsstand klagbar ist. Die so charakterisierte Auslandsschuld ist besonders kritisch, da der souveräne Emittent diese nur aus seinen Währungsreserven bedienen kann. Eine Schöpfung der Emissionswährung durch seine eigene Zentralbank ebenso wie eine Reduzierung der Zahlungspflichten durch währungsrechtliche Änderungen oder sonstige gesetzgeberische Eingriffe des Emittenten (im Rahmen des verfassungsrechtlich Zulässigen) sind ausgeschlossen.[4]

Auf den Fall einer zwischenstaatlichen Währung wie den Euro, dessen Rechtsgrundlagen die Finanzierung staatlicher Schuld durch die Zentralbank(en)

---

2 BGBl. I 2009, S. 2512.

3 Berichte der G 10 vom Mai 1996 „The Resolution of Sovereign Liquiidity Crises" sowie der G 10 Working Group on Contractual Clauses vom 26.9.2002, die sich beide auf soveräne Emissionen in fremder Währung beziehen (s. S. 6 Nr. 10 ff. des Berichts von 1996, der sich auf „capital flows to developing countries" bzw. sodann auf die seinerzeitige Auslandsschuld Mexicos bzw. dessen Bankensystem in US-Dollar bzw. indexiert in US-Dollar bezieht; s. im G 10 Bericht von 2002 die Bezugnahme auf „external finance" ganz zu Beginn; ferner auch die Bezugnahme auf „foreign" bonds in der DE-Klausel in Fußnote 3).

4 S. hierzu mit einer Reihe von Belegen aus der Währungsgeschichte zum sog. Goldstandard *Gianviti/Krueger/Pisani-Ferry/Sapir/Hagen*, A European mechanism for sovereign debt crisis resolution: a proposal, 2010, S. 6 ff.

untersagen und dessen Geld- und Währungspolitik durch einen unabhängigen Verbund von Zentralbanken wahrgenommen wird, lässt sich die vorgezeichnete klassische Trennung zwischen Inlands- und Auslandsschuld freilich nicht ohne weiteres übertragen[5]. Vielmehr weist die inländische Schuld in Euro Merkmale einer Auslandsschuld auf: Die rechtlichen und institutionellen Grundlagen des Euro können nur durch einen einstimmigen Vertragsänderungsprozess geändert werden,[6] die inländische staatliche Schuld in Euro ist währungsrechtlichen Zugriffen durch den nationalen Gesetzgeber entzogen, ihre Monetisierung durch die nationale Zentralbank erscheint aufgrund der Verbote sowie der organisatorischen Ausgestaltung des Eurosystems im primären Unionsrecht weitgehend ausgeschlossen.

Vor dem Hintergrund der Zusage der Bundesregierung gegenüber der G 10 in 2002 sowie der beiden mit CACs nach deutschem Recht ausgestatteten US-Dollar-Emissionen des Bundes aus den Jahren 2005 und 2009 nicht ganz nachvollziehbar – hat der Bundesgesetzgeber mit dem SchVG „nach deutschem Recht begebene inhaltsgleiche Schuldverschreibungen aus Gesamtemissionen“ (§ 1 Abs. 1 SchVG) zwar sehr breit erfasst, Schuldverschreibungen von *deutschen Emittenten in der Form einer juristischen Person des öffentlichen Rechts (wie z.B. Anleihen von Bund, Ländern und Gemeinden)* in § 1 Abs. 2 SchVG aber generell ausgeschlossen.[7] Dabei unterscheidet der Gesetzgeber nicht einmal zwischen nationalen und internationalen Emissionen.[8] Hintergrund für diese Ausnahme waren vermutlich Befürchtungen der Gesetzgebungsorgane, dass bereits die Möglichkeit, deutsche öffentliche Emissionen mit CACs auszustatten, zu Kostennachteilen für die öffentliche Hand führen würde. Ungeachtet des Wortlauts des § 1 Abs. 2 SchVG lässt sich jedoch nicht ernsthaft mehr argumentieren, dass CACs in Emissionen der öffentlichen Hand, die sich in dem durch das SchVG gesetzten Rahmen

---

5 Zur Unabhängigkeit der Zentralbanken des Eurosystems s. Art. 130 AEUV.

6 Wenngleich Änderungen des Teils 3 des AEUV mittlerweile im sog. vereinfachten Vertragsänderungsverfahren gem. Art. 48 Abs. 6 ff. EUV möglich sind, die allerdings nach wie vor die Zustimmung aller Mitgliedstaaten erfordern und nur dann zulässig sind, wenn es nicht zu einer Ausdehnung der Zuständigkeiten der Union kommt; Änderungen zahlreicher Bestimmungen des ESZB-Statuts sind mittlerweile auch im Wege der einfachen („ordentlichen“) EU-Gesetzgebung möglich, Art. 40 ESZB-Satzung, wobei es eher um technische Normen des Kapitels IV der Satzung geht.

7 S. G 10 Working Group on Contractual Clauses, Fußnote 3: „While the German government has confirmed in public the validity of such clauses in sovereign bond issues, further legal clarification is now under way in order to encourage and promote the use of collective action clauses in foreign bonds issued in Germany.“

8 Hierzu näher *Preuße*, SVG, § 1, Rn. 29 ff.

bewegen, eine unangemessene Benachteiligung des Anlegers beinhalten würden und damit gegen § 307 BGB verstießen.[9]

Seiner damaligen Sichtweise entsprechend hatte der Gesetzgeber auch auf Bestimmungen über eine zusammenfassende Änderung der Bedingungen bei verschiedenen Anleihen desselben Schuldners durch Mehrheitsentscheid (sog. Aggregation) verzichtet, obwohl das Bedürfnis der Praxis im damaligen Gesetzentwurf als solches erkannt wurde und vor allem bei öffentlichen Emittenten besonders dringend war.[10]

Des Weiteren stellt sich gerade im Zusammenhang mit öffentlichen Emissionen die Frage nach der Überleitung alter Emissionen, die aktuell keine CACs enthalten, während Neuemissionen absehbar solche enthalten werden. Die Phasing-In-Bestimmung in § 24 Abs. 2 SchVG würde mit Blick auf die reduzierende Auslegung durch das OLG Frankfurt am Main vom 27. 3.2012 für weite Kreise von Emittenten leer laufen, da danach nur wenige Altemissionen (= die vor dem Inkrafttreten des SchVG unter das alte SchVG 1899 fielen) von einem Opt-In der Gläubiger profitieren könnten.[11] Träfe die Auffassung des OLG Frankfurt am Main zu, wäre die Nutzung des § 24 SchVG für in- und ausländische staatliche Emittenten nicht möglich.[12]

---

9 Auch der Bund selbst hält die Ausnahme für nicht relevant bzw. sieht darin kein Risiko; so finden sich in den beiden Bundesemissionen in US-Dollar aus 2005 und 2009 CACs, wobei der Bund in den Bedingungen der jüngeren der beiden Emissionen – in Kenntnis des Ausschlusses in § 1 Abs. 2 SchVG – auf das Caveat fehlender Wirksamkeit gänzlich verzichtet hat; zur Eigenschaft von Emissionsbedingungen als AGB und zur Ablehnung einer AGB-rechtlichen Einbeziehungskontrolle s. BGH NJW 1992, S. 1902, 1904 f. (Klöckner-Genussscheine), BGH BKR 2005, S. 323 (Aktienanleihen) einerseits bzw. zur Anwendung der AGB-rechtlichen Inhaltskontrolle BGH WM 2009, S. 1500 (Goldoptionen) andererseits; zum aktuellen Stand der Diskussion s. *Sester* in diesem Tagungsband.

10 Vgl. BT-Drs. 16/12814, S. 18. Im Falle der Umschuldung Griechenlands umfasste die Liste der vom Umtauschangebot erfassten „designated securities" 88 Einzelemissionen, Anhang I zum „Invitation Memorandum" der Hellenischen Republik vom 24.2.2012 für Nicht-US-Anleger.

11 ZIP 2012, S. 725; dazu *Paulus*, EWiR 2012, S. 259; zur Kritik an der aktuellen Rechtsprechung in Fällen der Restrukturierung bei Schuldverschreibungen statt vieler *Paulus*, WM 2012, S. 1109 sowie zusammenfassend *Weiss* in diesem Tagungsband.

12 § 1 Abs. 1 SchVG 1899: „Sind von jemand, der *im Inland* seinen Wohnsitz oder seine gewerbliche Niederlassung hat, Schuldverschreibungen mit ... ausgestellt ...", § 24 SchVG 1899: „Auf Schuldverschreibungen *des Reichs, eines Landes oder von Gemeinden und Gemeindeverbänden* finden die Vorschriften des Gesetzes keine Anwendung."

II. Umschuldung griechischer Staatsanleihen

Die überkommene Vorstellung, nationale staatliche Schuld in der eigenen Währung könne nie einer Umschuldung unterliegen bzw. würde immer bedient, wurde spätestens im Sommer 2011 erschüttert, als der französische Bankenverband einen ersten konkreten Vorschlag zur Sanierung der verbrieften griechischen Staatsschuld in Euro unterbreitet hatte.[13] Nicht zuletzt auf Druck der deutschen Seite unterbreitete Griechenland schließlich einen weitaus einschneidenderen Vorschlag, den es dann auch per Angebotsmemo vom 24.2.2012 seinen Gläubigern (hier den Haltern von „designated securities", verteilt auf 88 Einzelemissionen = „ISINs") mit Fristsetzung übermittelte.[14]

Die Halter jener „designated securities" sollten für 1000,– € Nominalkapital

(i) 315,– € nominal neue Griechische Bonds (aufgesplittet in 20 verschiedene neue Bonds nach englischem Recht über je 15,75 € mit zwischen 2022 und 2041 gestaffelten Endfälligkeiten, gleichrangig zu den Ansprüchen des EFSF aus der Fazilität zur Finanzierung des Erwerbs der EFSF-Bonds zu (ii)),

(ii) je einen kurz laufenden EFSF-Bond („PSI payment notes") über nominal 150,– € sowie die bis zum Umtausch aufgelaufenen Zinscoupons der Altanleihen und

(iii) eine über 315,– € lautende BSP-gebundene Schuldverschreibung (eine Art „Besserungsschein" für den hypothetischen Fall einer Erholung des griechischen BSP)

---

13 Ziel des Vorschlags war, Kürzungen des Nominalkapitals zu vermeiden sowie die Rückzahlung des Kapitals durch „ansparende" Nullcouponanleihen erstklassiger Adressen ab zu sichern; die ausstehenden Schuldverschreibungen Griechenlands sollten im Rahmen von vier Optionen grosso modo in Schuldverschreibungen mit langer Laufzeit getauscht werden, deren Kapital im Rahmen einer „Defeasance"-Struktur durch die Lieferung unverzinslicher Emissionen eines AAA-geratеten Emittenten mit identischer Laufzeit tilgbar gewesen wäre; der Vorschlag beruhte auf Konzepten, die im Rahmen der Brady-Umschuldung lateinamerikanischer Staaten erfolgreich eingesetzt worden sind.

14 S. „Invitation Memorandum" der Hellenischen Republik vom 24.2.2012 für Nicht-US-Anleger. Auf eine umfassende Darstellung der Griechenland-Umschuldung sowie hierbei insbesondere die Behandlung der wenigen Emissionen nach japanischem, italienischem und Schweizer Recht, für die nur ein exchange offer bzw. nur eine Aufforderung zur Abstimmung unterbreitet wurde, soll aufgrund des begrenzten Umfangs des Beitrags verzichtet werden; s. hierzu aber *Zettelmeyer/Trebesch/Gulati*, The Greek debt exchange: an analysis in historical perspective, v. 22.6.2012; in der deutschen Literatur *Sandrock*, RIW 2012, S. 429, 430 ff.

erhalten.[15] Eine Differenzierung des Angebots nach den Restlaufzeiten der alten Bonds fand nicht statt.[16]

Der Umtausch sollte (i) über eine freiwillige Annahmeerklärung (= Zustandekommen eines Tauschvertrags zwischen Griechenland und dem Halter, in dessen Erfüllung Griechenland Eigentümer der alten, der Halter hingegen Eigentümer der vorbeschriebenen Austauschpapiere würde, vgl. § 480 BGB) sowie (ii) über eine gleichzeitige Stimmabgabe im Rahmen von CACs (= Erteilung eines Auftrags an einen Stimmrechtsvertreter, an der Abstimmung über eine Änderung der Zahlungsbedingungen der „designated bonds" nach Maßgabe der Weisung des Halters teilzunehmen) bewirkt werden. Hierbei nutzte Griechenland die aus der US-Praxis bekannte Technik des „exit consent", ohne allerdings – und damit anders als bei exit consents üblich – die dissentierenden Altanleihen im Vergleich zum freiwilligen Umtauschangebot zu „verschlechtern". Vielmehr sollten die dissentierenden Altanleihen nur „1 : 1" an das Umtauschangebot angepasst werden.[17]

Die „designated securities", deren Halter nun neben der freiwilligen Teilnahme am Tausch gleichzeitig ihre Stimme (über die Instruktion des Vertreters) abgeben sollten, gliederten sich in zwei Komplexe, deren rechtliche Rahmenbedingungen voneinander erheblich abwichen:

---

15 S. „Invitation Memorandum" (Fußnote 14), Definition von „the Exchange Offer". Darin lag nicht nur eine Reduktion des Nominalkapitals um 53,5 %, sondern unter Berücksichtigung von alten Bonds mit kurzen Restlaufzeiten auch ein Verlust gegenüber dem Nettogegenwartswert in Höhe von knapp 80 %. Für alte Bonds mit langen Restlaufzeiten (von 10 bis 30 Jahren) war die Einbuße freilich deutlich geringer.

16 Dies weicht von Angeboten in anderen Umschuldungsfällen gravierend ab, wo im Grundsatz kurze Laufzeiten mit Austauschinstrumenten zu pari bzw. kürzerer Fälligkeitsstreckung bedacht wurden, um den NPV-Verlust gleichmäßig zu halten; im griechischen Falle mussten Papiere mit Restlaufzeiten von wenigen Tagen (z.B. Fälligkeit am 20.3.2012) einen Bewertungsabschlag in NPV von nahezu 80 %, Papiere mit Restlaufzeiten von über 20 (oder in einem Fall sogar 45) Jahren hingegen NPV-Haircuts von nur 25 % (bzw. deutlich darunter) hinnehmen.

17 S. „Invitation Memorandum" (Fußnote 14), „The Consent Sollicitation" sowie „The Proposed Amendments to the Eligible Titles"; ferner zu Hintergründen der exit consents allgemein: *Hofmann/Keller*, ZHR S. 684, 701 f.; ein besonders drastisches Beispiel für einen „punitive" exit consent lag der jüngsten Entscheidung des englischen High Court (J Briggs) vom 27.7.2012 in Sachen Assanegon vs. IBRC (formerly Anglo Irish) zugrunde, wo im Rahmen des freiwilligen Umtausches betreffend nachrangige Schuldverschreibungen 200,– € für 1000,– € nominal geboten wurden, im Rahmen des exit consents jedoch 1000,– € durch 1 Cent. ersetzt, d.h. praktisch ausglöscht werden sollten. J. Briggs urteilte, dass die Mehrheitsabstimmung inhaltlich missbräuchlich sei und den Interessen der Gläubiger (wobei auf die verbliebenen dissenters abzustellen sei) zuwider liefe. Ferner sah er in der Abstimmung, die erst *nach Übertragung des Eigentums an den Emittenten* stattfand, eine nichtige Abstimmung von „disenfrenchised" Anleihehaltern.

Der weit überwiegende Teil betraf Anleihen nach griechischem Recht. Diese Anleihen waren unter sog. GR-ISINs registriert und beliefen sich auf einen Nominalwert von insgesamt rd. 177 Mrd. €, verteilt auf 53 ISINs. Die übrigen „designated securities" der Hellenischen Republik (einschließlich der von ihr garantierten Anleihen der staatlichen Eisenbahnen bzw. Athener Verkehrsbetriebe) unterlagen englischem Recht und waren deshalb zumeist unter XS-ISINs registriert. Sie betrafen ein Volumen von nominal 21 Mrd. €, verteilt auf 35 ISINs.[18]

Während die Anleihen nach griechischem Recht (zunächst) nicht mit CACs ausgestattet waren, enthielten die Bedingungen der *Anleihen nach englischem Recht* die hierfür typischen CACs, wobei eine frühere und eine spätere Variante Verwendung fanden:

- Die Beschlussfähigkeit der Gläubigerversammlung war davon abhängig, dass 66 % (frühere Variante) bzw. 75 % (spätere Variante) des Nennwerts der ausstehenden Anleihe auf der Versammlung vertreten waren (sog. Quorum).[19] Wenn das Quorum nicht erreicht werden sollte, war bei einem zweiten Aufruf die neue Gläubigerversammlung beschlussfähig, wenn eine Anwesenheitsquote von 33 % (frühere Variante) bzw. 50 % (spätere Variante) erreicht wurde.[20]
- Die Beschlussfassung selbst erfolgte mit einfacher Mehrheit (frühere Variante) bzw. 75 % (spätere Variante).[21]
  Hieraus folgte, dass eine Anpassung der Zahlungsbedingungen der Bonds nach englischem Recht mit einer Mehrheit von 1/3 × 50 % = 16,66 % (frühere Variante) bzw. 1/2 × 3/4 = 37,5 % (spätere Variante) des Nominalkapitals möglich war.
- Teilweise sahen die Bedingungen einen Stimmrechtsausschluss bei solchen Gläubigern vor, die unter der Kontrolle des Emittenten stehen.

18 Nicht zu den „designated securities" zählten einige wenige Emissionen nach japanischem, italienischem und Schweizer Recht, für die nur ein exchange offer bzw. nur eine Aufforderung zur Abstimmung unterbreitet wurde.

19 Soweit die Entscheidung keine „wesentliche" Änderung betreffen sollte, waren mehr als 50 % (frühere Variante) bzw. 66 2/3 % (spätere Variante) ausreichend. Als wesentliche Änderung galten etwa Modifikationen der von der Schuldnerin zu leistenden Zahlungen und der Fälligkeiten.

20 Soweit die Entscheidung keine „wesentliche" Änderung betreffen sollte, waren 0 % (frühere Variante, vgl. etwa das Offering Circular vom 4.4.2003 über 400 Mio. €, S. 9 f.) bzw. 25 % (spätere Variante, vgl. etwa das Offering Circular vom 29.4.2004 über 1 Mrd. €, S. 9) ausreichend.

21 Soweit die Entscheidung keine „wesentliche" Änderung betreffen sollte, waren bei der späteren Variante 66 2/3 % ausreichend (vgl. etwa das Offering Circular vom 29.4.2004 über 1 Mrd. €, S. 10).

- *Aber:* Ein Mehrheitsentscheid durch Aggregation war nicht möglich.

Um die geplante Umschuldung auch und vor allem bei den *Anleihen nach griechischem Recht* umsetzen zu können, mussten diese nachträglich mit CACs versehen werden. Hierzu wählte die griechische Regierung den Weg eines Gesetzes (N° 4050/12 vom 23.2.2012), durch das die bestehenden Anleihebedingungen um CACs mit Aggregation ergänzt wurden:

- Das Quorum wurde erfüllt, wenn sich mindestens die Hälfte des Nennwerts *aller* betroffenen („eligible") Anleihen an der Abstimmung beteiligt.
- Beschlüsse waren mit 2/3 des an der Abstimmung teilnehmenden Nennwerts *aller* betroffenen („eligible") Anleihen zu fassen (das bedeutete im Ergebnis 1/2 × 2/3 = 1/3 des Gesamtkapitals).
- Ein Stimmrechtsausschluss bestand nur, soweit die Gläubigerin mit der Emittentin bzw. der Garantin identisch war.

Offenkundig hatte der griechische Gesetzgeber sich an den Mehrheitserfordernissen der neueren Anleihen nach englischem Recht orientiert, dabei allerdings eine weitreichende Aggregation vorgesehen (= Ermittlung von Quorum und Mehrheit im Wege der einstufigen Zählung, d.h. ohne Rücksicht auf die Verhältnisse in der Einzelemission).

Das Umtauschangebot der Hellenischen Republik vom 24.2.2012 an die „designated holders" sowohl nach griechischem wie auch englischem Recht, verbunden mit der Einladung zur Abstimmung (über die Erteilung der weisungsgebundenen Vollmacht), führte zu folgenden Ergebnissen:[22]

- Bei den Anleihen nach griechischem Recht wurde eine Zustimmungsquote von insgesamt knapp 86 % (aus dem Gesamtkapital) erreicht, wobei 82,5 % freiwillig tauschten und mit „Ja" votierten, 3,3 % nur mit „Ja" votierten, ohne aber am Tausch teilzunehmen. Damit kam es bei 82,5 % der Gläubiger zu einem freiwilligen direkten Tausch und bei den restlichen 17,5 % des Gesamtkapitals zu einer „Änderung" im Wege der Mehrheitsabstimmung nach dem CAC-Gesetz vom 23.2.2012.[23]
- Bei den Anleihen nach englischem Recht wurde (bei einer Zustimmungsquote von insgesamt 56 %) nur eine Umtauschquote von insgesamt 69 % des Gesamtkapitals erreicht. Dabei kam es nur für 17 der 35 betroffenen Anlei-

---

22 Hierzu im Einzelnen die Pressemitteilung des Griechischen Finanzministeriums vom 9.3.2012, veröffentlicht auf http://www.minfin.gr/portal/en/resource/contentObject/id/baba4f3e-da88-491c-9c61-ce1fd030edf6.

23 Zu den genauen Zahlen s. *Zettelmeyer/Trebesch/Gulati*, The Greek debt exchange: an analysis in historical perspective, S. 17; s. ferner auch die Zusammenfassung bei *Sandrock*, RIW 2012, S. 429, 432.

hen zu einem freiwilligen Tausch *und* einer erfolgreichen Mehrheitsabstimmung. Bei den restlichen 18 Anleihen ergab sich nur ein freiwilliger Tausch, da die erforderliche Mehrheit bei der Abstimmung (bzw. in einem Fall das erforderliche Quorum) in den Einzelemissionen nicht zustande gekommen war – obwohl die Angebotsfrist zweimal verlängert wurde (bis zum 4.4.2012 bzw. 18.4.2012).

- In Höhe des verbliebenen Volumens von rund 6,8 Mrd. € (entspricht ca. 30 % des Volumens der XS-Anleihen bzw. ca. 3,4 % des Gesamtvolumens der „designated bonds" von 197 Mrd. €) können die dissentierenden Anleihegläubiger rechtlich weiterhin vollständige Zahlung verlangen.
- Im Falle einer aggregierten Abstimmung nach Maßgabe des griechischen CAC-Gesetzes wäre eine volle Bindung möglich gewesen, da mit einer Zustimmungsquote von 56 % des Gesamtkapitals (i) ein ausreichendes Quorum und (ii) auch eine 2/3-Mehrheit zustande gekommen wäre (nachdem 78 % des Kapitals nach englischem Recht an der Abstimmung teilgenommen hatten, mithin 56 % des Gesamtkapitals mehr als 2/3 des *teilnehmenden* Kapitals ausmachten).

Tabelle 1: Ergebnisse von Umtausch/Abstimmung im Falle Griechenlands

	GR-Anleihen (griech. Recht)	**XS-Anleihen (engl. Recht)**
Nennwert	ca. 177 Mrd. €	ca. 20 Mrd. €
Zahl der ISINs	53	35
Zahl der voll umgetauschten ISINs (im Wege der Abstimmung)	53	17
Anteil der freiwillig umgetauschten Bonds (% aus Nominalkapital)	82,5 %	56 %
Anteil der im Wege der Mehrheitsabstimmung umgetauschten Bonds, deren Gläubiger nicht zugestimmt haben, d.h. überstimmt wurden (% aus Nominalkapital)	17,5 %	ca. 13 % (verteilt auf die 17 voll umgetauschten ISINs)
Verbleibender Nennwert (= Hold-Out-Volumen)	0 Mrd. €	ca. 6,8 Mrd. € (verteilt auf die 18 nicht voll umgetauschten ISINs)

Damit lässt sich aus der Griechenland-Umschuldung das folgende Fazit ziehen, das auch Lehren für die Musterbestimmungen für Schuldverschreibungen der Eurostaaten enthält:

1. CACs nach englischem Recht erweisen sich für staatliche Emittenten in einer Umschuldungssituation tendenziell als nachteilig, da
   - jedenfalls bislang keine aggregierte Abstimmung (sondern nur eine solche nach Einzelanleihen) vorgesehen ist,
   - keine Nachbesserung durch den nationalen Gesetzgeber möglich ist, da aus Sicht des Emittenten Fremdrecht vereinbart wurde und
   - dadurch „Hold-Out"-Strategien erleichtert werden: Großanleger können günstig (d.h. zu krisenbedingt niedrigen Anleihekursen) eine Sperrminorität in der einzelnen Anleihe erwerben und so eine Abstimmung über eine Anpassung der Zahlungsbedingungen zu ihren Lasten verhindern. Kleine Emissionsvolumina der Einzelanleihen wirken sich für den Emittenten besonders ungünstig aus.[24]
2. Eine Emission nach nationalem Recht ohne Klauseln wäre am Ende sogar umschuldungsfreundlicher, da sie im Notfall durch die Einfügung von gesetzlichen CACs nachgebessert werden könnte. Allerdings bleibt der Ausgang etwaiger gerichtlicher Auseinandersetzungen um die Verfassungsmäßigkeit solcher nachträglich einwirkenden Gesetze abzuwarten.[25]
3. Es besteht eine verschärfte Übergangsproblematik, da staatliche Emittenten künftig u.U. mit dreierlei CAC-Standards arbeiten werden (Altanleihen nach englischem Recht, nationale Altanleihen ohne CACs, neue nationale Anleihen nach dem EFC-Standard, s.u. III.).

---

24 Beispiel: Der Hold-Out plant, sich in einen XS-Bond mit einem Emissionsvolumen von 100 Mio. nominal einzukaufen, dessen Marktkurs derzeit bei 50 liegt; die qualifizierte Mehrheit für eine Anpassung der Zahlungsbedingungen beträgt 75 %; damit beträgt der Aufwand des Hold-Out für den Erwerb der Sperrminorität von 25 % nur 12,5 Mio.; nachdem eine Änderung der Zahlungsbedingungen durch Gläubigerabstimmung gegen seinen Willen nicht möglich ist, steht der Emittent vor der Wahl eines Zahlungsverzugs (mit zahlreichen negativen Konsequenzen wie „D-Rating", Auslösung von cross default usw.) oder der vollen Zahlung; entscheidet er sich für Letzteres, ist die Strategie des Hold Out aufgegangen; jener erhält volle 25 Mio. und hat sein eingesetztes Kapital verdoppelt.

25 Insbesondere das OLG Frankfurt am Main bringt in seiner Entscheidung vom 27.3.2012 Zweifel zum Ausdruck, indem es bereits die – weniger einschneidende – Norm des deutschen SchVG für die Überführung von Altemissionen (in der von der Beklagten gewählten Auslegung) für verfassungswidrig hält, BB 2012, S. 1305 ff., 1307 r. Sp.: Die Anwendung des Mehrheitsprinzips ex lege für bereits begründete Schuldverhältnisse sei „ein belastendes Gesetz, welches eine bestehende Rechtsposition verschlechtere". „Die nachträgliche Unterstellung einer Anleihe unter das Mehrheitsprinzip wäre dem Anleger nachteilig, weil ... für eine Anleihe mit einer Mehrheitsklausel ein höherer Zins veranlasst wäre ..." Eine solche Norm sei unverhältnismäßig, da sie keine „angemessene und gebotene Überleitungsregel" enthalte. Eine verfassungswidrige Rückwirkung läge nur dann nicht vor, wenn das Mehrheitsprinzip bereits – und sei es nur im Rahmen des SchVG 1899 – Anwendung gefunden hätte.

III. Musterbestimmungen für Schuldverschreibungen der Eurostaaten

Aufgrund der Erfahrungen mit der Griechenland-Umschuldung beschloss der Europäische Rat, dass ab 1.1.2013 in *alle* neuen Staatsschuldtitel der Eurozone mit einer Laufzeit von mehr als einem Jahr standardisierte CACs aufzunehmen wären.[26] Dementsprechend hatten sich die Mitgliedstaaten in Art. 12 Abs. 3 ESM-Vertrag wie folgt verpflichtet:

> *„Ab 1. Januar 2013 enthalten alle neuen Staatsschuldtitel des Euro-Währungsgebiets mit einer Laufzeit von mehr als einem Jahr Umschuldungsklauseln, die so ausgestaltet sind, dass gewährleistet wird, dass ihre rechtliche Wirkung in allen Rechtsordnungen des Euro-Währungsgebiets gleich ist.“*[27]

Die Regierungen der Eurogruppe haben damit – abweichend von den Empfehlungen der G 10 von 2002 und erst recht abweichend von § 1 Abs. 2 SchVG – die bislang übliche Abgrenzung zwischen Auslands- und Inlandsschuld für die Frage der Notwendigkeit von CACs in ihren Anleihebedingungen aufgegeben. Vielmehr haben sie auch für ihre inländische Schuld in Euro die Notwendigkeit von CACs ausdrücklich anerkannt und damit die Besonderheit staatlicher Schuld im Rahmen einer supranationalen Währungsunion bestätigt.[28]

Eine Arbeitsgruppe des Wirtschafts- und Finanzausschusses hatte auf der Grundlage der Schlussfolgerungen des Europäischen Rats vom 24./25.3.2011 Musterbedingungen für Staatsanleihen des gemeinsamen Währungsgebiets erarbeitet (im Folgenden: EFC-CACs).[29]

Danach sollten – je nach Wahl der Beteiligten – sowohl schriftliche Abstimmungen als auch physische Versammlungen möglich sein. Bei beiden kann der Halter sich durch einen Bevollmächtigten vertreten lassen.[30]

---

26 Schlussfolgerungen des Europäischen Rats auf seiner Tagung vom 24./25.3.2011 (EUCO 10/1/11 REV 1).

27 S. ferner BT-Drs. 17/9047 v. 20.3.2012 „Entwurf eines Gesetzes zum Vertrag vom 11. Juni 2011 zur Einrichtung des Europäischen Stabilitätsmechanismus“.

28 Die besonderen Risiken der staatlichen Schuld in einer Währungsunion sind freilich schon im AEUV bedacht worden, wie Art. 125 (Ausschluss der Haftung für Schuld anderer Mitgliedstaaten) oder Art. 123 (Verbot von Kreditfaziilitäten der Zentralbanken für Staaten bzw. Käufen ihrer Emissionen am Primärmarkt) belegen.

29 Economic and Financial Committee (EFC), Fassung vom 17.2.2012, veröffentlicht auf http://europa.eu/efc/sub_committee/pdf/cac_-_text_model_cac.pdf.

30 Nr. 4 ff. der EFC-CACs, zur Bevollmächtigung Nr. 4.10.

Entsprechend der bisherigen englischen Praxis bzw. der Empfehlungen der G 10 sollen für *wesentliche* Änderungen der Emissionsbedingungen („reserved matters" wie v.a. die Änderung der Zahlungsbedingungen) höhere Mehrheitsanforderungen/Quoren gelten als für sonstige Änderungen.[31]

Mehrheiten für *wesentliche* Änderungen sollen *alternativ emissionsweise* oder *aggregiert* ermittelt werden können.[32]

Im Hinblick auf die aggregierte Mehrheitsermittlung unterscheiden die EFC-CACs in ihrem Definitionenkatalog zwischen „the Bonds", d.h. den Schuldverschreibungen der Einzelemission, deren Bestandteil die EFC-CACs konkret sind, und sonstigen Schuldverschreibungen desselben Emittenten („and any other bills, bonds, debentures, notes or other debt securities issued by the Issuer in one or more series"). Ebenso wird zwischen „Änderungen'" (dieser Schuldverschreibungen) und „emissionsübergreifenden Änderungen" (dieser Schuldverschreibungen *und* denen aus anderen Emissionen) unterschieden.[33]

Im Falle einer nur *emissionsweisen* Zählung bei der Abstimmung über *wesentliche* Änderungen bedarf es

- im Falle einer Versammlung einer Mehrheit von 75 % des vertretenen Kapitals, wobei das Quorum für die Beschlussfähigkeit – auch im Falle eines zweiten Aufrufs – 2/3 beträgt (d.h., in jeder Anleihe müssen 75 % × 2/3 = 50 % des ausstehenden Kapitals zugestimmt haben),
- im Falle einer schriftlichen Abstimmung einer Mehrheit von 2/3 des ausstehenden Kapitals (ein Quorum ist nicht erforderlich, da die Mehrheiten ohnehin nur aus dem ausstehenden Kapital ermittelt werden; Nichtteilnahme wirkt sich wie eine Nein-Stimme aus).

Grund für die „Privilegierung" der Versammlung könnte sein, dass physische Versammlungen einen höheren Aufwand sowie ein größeres Risiko des Scheiterns (bei Verfehlen des Quorums wegen zu geringer Teilnahme) implizieren.[34]

Bei einer *aggregierten* Mehrheitsermittlung für *wesentliche* Änderungen soll das Zustandekommen der Mehrheit *zweistufig* ermittelt werden. Anders als in

---

31 Nr. 1 lit. h), Nr. 2.1 bis 2.4 bzw. 2.5 der EFC-CACs.

32 Wenngleich die Abstimmungsverfahren als solche nur Emission für Emission stattfinden sollen, s. Nr. 4.1. der EFC-CACs: „The provisions set out below, and any additional rules adopted and published by the Issuer will, to the extent consistent with the provisions set out below, apply to any meeting of Bondholders called to vote ..."

33 Nr. 1 lit. f), g).

34 Die Erfahrung im Griechenland-Fall hat allerdings gezeigt, dass die organisatorischen Unterschiede – dank des Einsatzes eines Abstimmungsvertreters – gering gehalten werden können; im Ergebnis dürfte nach den EFC-CACs eine Mehrheit qua Versammlung leichter zu erreichen sein als qua schriftliche Abstimmung.

den CACs nach dem griechischen Gesetz N° 4050/12 muss bei einer emissionsübergreifenden Zählung nach den EFC-CACs nicht nur eine Gesamtmehrheit, sondern *zusätzlich noch eine Mehrheit in jeder Einzelanleihe* erreicht werden.[35]

Das *aggregierte* Mehrheitserfordernis für *wesentliche* Änderungen beläuft sich demnach bei einer *Versammlung* auf

- 75 % des vertretenen Kapitals (× 2/3 Quorum = 50 % des Gesamtkapitals) *und*
- 2/3 des vertretenen Kapitals *in jeder Einzelanleihe* (× 2/3 Quorum = 44,4 % des Kapitals der Einzelanleihe),

bei einer *schriftlichen Abstimmung* auf

- 66 2/3 % des Nennwerts des Gesamtkapitals *und*
- 1/2 des Nennwerts *in jeder Einzelanleihe.*

Auch hier wird die Abstimmung im Wege der physischen Versammlung privilegiert.

Für *sonstige* Änderungen verbleibt es bei einer ausschließlich emissionsweisen Mehrheitsermittlung.

Beim Stimmrechtsausschluss folgt die Eurogruppe einem Mittelweg. Ausgeschlossen sind der Emittent und von ihm kontrollierte juristische Personen. Juristische Personen mit „Entscheidungsautonomie“ wie etwa Zentralbanken und beaufsichtigte Kreditinstitute behalten jedoch ihr Stimmrecht.[36]

Die Musterbedingungen des EFC zeigen, dass die Eurogruppe auf die Problematik der Emissionen nach englischem Recht (XS-ISINs) reagiert hat, indem die Staaten des gemeinsamen Währungsgebiets künftig auch zusammengefasste Abstimmungen ermöglichen sollen. Damit sollen die Regierungen der Eurogruppe Risiken aus (kleinvolumigen) Einzelemissionen im Bereich der Staatsanleihen vermeiden, bei denen der Erwerb einer „Sperrminorität“ andernfalls zu leicht gemacht würde. Gleichzeitig soll mit der zweistufigen Zählung etwaigen verfassungsrechtlichen Bedenken Rechnung getragen werden.

Gleichwohl dürfte die zweistufige Zählung (d.h. das zusätzliche Erfordernis einer Mehrheit in einer Einzelanleihe) die Tür zum Erwerb von Sperrminoritäten neu – wenn auch in geringerem Umfang – geöffnet haben. Wenn ein Hedge-Fonds 55,6 % oder mehr des Kapitals einer ISIN erwerben würde, könnte er möglicherweise nicht nur die Mehrheit in seiner Emission sondern – schlimmer noch – die aggregierte Mehrheit insgesamt vereiteln. Dann könnte die Mehrheit nur noch emissionsweise (mit den dann anwendbaren höheren Mehrheitsschwellen) ermittelt werden. Als Reaktion auf diese Konstellation enthalten die EFC-CACs die Möglichkeit zur *Teilaggregation* (unter Ausschluss der „gesperrten“ Emission),

35 Nr. 2.2 lit. b) (i), (ii).
36 Nr. 2.7 lit. c) (iii) (x), (y).

die freilich das Problem der Sperrminorität für die *konkret betroffene* Emission nicht löst.[37]

Damit kommen die Mitgliedstaaten nicht umhin, auch bei Einsatz der EFC-Klauseln auf großvolumige Einzelemissionen zu achten, um den Erwerb von Sperrminoritäten möglichst schwierig zu machen. Günstiger wären Klauseln, die – wie im Fall von Griechenland – eine einstufige Aggregation – ermöglichen (ohne Rücksicht auf die Mehrheiten in einer einzelnen ISIN). Dies dürfte auf vertraglichem Wege problematisch werden, nachdem der – Vertragliche Vereinbarungen über die gemeinsame Abstimmung legitimierende – Bezug zur Einzelemission gänzlich fehlen würde.

Tabelle 2: Vergleichende Übersicht über die Mehrheitsschwellen

	Schuldverschreibungsgesetz von 2009	**Griechisches Gesetz vom 23.2.2012**	**Musterbestimmungen (EFC-CACs)**
Aggregation?	nein	ja (ausschließlich/ einstufig)	ja (kombiniert/ zweistufig)
Mehrheitsschwelle in schriftlicher Abstimmung	75 % des teilnehmenden Nennwerts	2/3 des teilnehmenden Nennwerts (nur aggregiert)	**einzeln:** 2/3 des offenen Nennwerts **aggr.: 2/3** des offenen Nennwerts + **1/2** in Einzelanleihe
Mehrheitsschwelle bei Abstimmung in Versammlung	75 % des teilnehmenden Nennwerts	2/3 des teilnehmenden Nennwerts (nur aggregiert)	**einzeln:** 75 % des teilnehmenden Nennwerts **aggr.: 75 %** des teilnehmenden Nennwerts + **2/3** in Einzelanleihe
Quorum bei Versammlung (zweiter Aufruf)	25 % des offenen Nennwerts	1/2 des offenen Nennwerts (nur aggregiert)	2/3 des offenen Nennwerts (unklar, ob aus Einzelanleihe oder aggregiert)
-> Quote des Gesamtkapitals	18,75 % (= 3/4 × 1/4)	33,33 % (= 1/2 × 2/3)	**aggr.: 1/2** (= 75 % × 2/3) + Einzelanleihe: 2/3 × 2/3 = **4/9**

37 Allerdings muss der Emittent dies in der Einladung zur Abstimmung angekündigt haben, vgl. Nr. 2.3.

IV. Reform des Bundesschuldenwesengesetzes

Auf die Musterklauseln des EFC reagierend, hat die Bundesregierung den Entwurf eines *Gesetzes zur Änderung des Bundesschuldenwesengesetzes* eingebracht.[38] Ausweislich der Gesetzesbegründung soll ein gesetzliches Leitbild geschaffen werden, damit der Bund künftig seine Emissionen mit CACs entsprechend denjenigen des EFC ausstatten kann, ohne AGB-rechtlichen Einwänden aufgrund einer gerichtlichen Inhaltskontrolle ausgesetzt zu sein.[39]

Die §§ 4a ff. des Entwurfs sind „optional" ausgestaltet. Der Bund kann von den dortigen Gestaltungsmöglichkeiten in seinen Emissionsbedingungen Gebrauch machen, muss es aber nicht (s. § 4a: „Die Emissionsbedingungen der vom Bund begebenen Schuldverschreibungen ... *können* Klauseln enthalten ..."). Damit folgt der Gesetzgeber einem ähnlichen Ansatz wie im SchVG.[40]

Inhaltlich orientieren sich die Bestimmungen des Entwurfs eng an den EFC-Musterklauseln: So findet sich in § 4b Abs. 1 eine fast deckungsgleiche Liste „wesentlicher Beschlüsse" (richtigerweise: „Beschlussgegenstände") entsprechend den „reserved matters" aus Nr. 1 lit. h der EFC-CACs, § 4b Abs. 2 bis 8 zeichnen die in Nr. 2 der EFC-CACs vorgesehenen (auf Basis der Einzelemission oder auf zusammengefasster Basis zu ermittelnden) Mehrheiten inhaltlich identisch nach, während § 4f Abs. 2 und 3 die Quoren für die Beschlussfähigkeit einer präsenten Versammlung im Einklang mit Nr. 4.6, 4.7 der EFC-CACs regeln.

Die Bestimmungen sollen auch für nach deutschem Recht begebene Schuldverschreibungen eines *anderen Mitgliedstaats der Eurozone* gelten (künftig: § 1 Abs. 2 S. 2 SchVG).

Aus § 4a des Entwurfs würde folgen, dass der Bund – aus rein zivilrechtlicher Sicht, wenngleich unter Verstoß gegen Art. 12 Abs. 3 des ESM-Vertrags – CACs rechtswirksam vereinbaren könnte, die gegenüber denen des EFC „zurück" blieben, z.B. höhere Mehrheitsschwellen oder nur eine emissionsweise Zählung vorsähen. Aus der Optionalität folgt, dass der Bund sich auch zwischen den beiden Extremen (keine CACs oder solche nach dem EFC-Muster) positionieren könnte, nachdem § 4a jedenfalls an der zivilrechtlichen Machbarkeit beider Extreme keine Zweifel lässt.

---

38 BT-Drs. 17/9049 vom 20.3.2012, vom Bundestag am 27./28.6.2012 beschlossen, Ausfertigung und Verkündung bis zur Entscheidung des BVerfG am 12.9.2012 ausgesetzt, verkündet am 13.9.2012, BGBl. I 2012, S. 1914.

39 BT-Drs. 17/9049, Begründung, AT, Nr. 1; zur Rechtsprechung des BGH s.o. Fußnote 9 sowie der Beitrag von *Sester* in diesem Tagungsband.

40 *Nodoushani*, WM 2012, S. 1798, 1799 r. Sp.

Der Gesetzesentwurf wirft jedoch eine Reihe von Fragen auf:

- So sollen Schuldverschreibungen der *Länder und Gemeinden sowie supranationaler Institutionen* (soweit diese nach deutschem Recht emittieren) nicht in die Neuregelung einbezogen werden. Sie fielen nach § 1 Abs. 2 SchVG (der nun ausdrücklich in Abs. 2 um andere Staaten der Eurozone ergänzt würde) auch nicht unter das SchVG. Es erschiene wenig kohärent, wenn der Bund (und andere Staaten der Eurozone) Klauseln im Sinne der EFC-Empfehlungen (mit einer aggregierten Mehrheitsermittlung) und private Emittenten zumindest Klauseln mit einer Mehrheitsermittlung auf emissionsbezogener Basis verwenden könnten, für sonstige öffentliche Emittenten die Nutzung jeder Art von CACs jedoch weiterhin mit Unsicherheiten verbunden und damit ausgeschlossen bliebe. Angesichts der beiden Regelungsmodelle im SchVG einerseits und in den §§ 4a ff. des Entwurfs andererseits dürfte allerdings die Argumentation zunehmend schwerfallen, es existiere kein gesetzgeberisches Leitbild für solche Emissionen. Zumindest die Gestaltungsmöglichkeiten nach dem SchVG wird man auch bei anderen öffentlichen Emittenten als AGB-rechtlich unangreifbar erachten.
- Bedauerlich ist ferner, dass der Entwurf keine Übergangsbestimmungen für *Altemissionen* (vgl. § 24 SchVG) enthält. So besteht die Gefahr, dass trotz der Einführung der EFC-CACs noch für Jahrzehnte Bundesanleihen ohne CACs neben solchen mit CACs fortbestehen. Je nach Erwartungen bzw. Sensibilitäten des Marktes könnte sich ein gespaltener Markt für Bundesemissionen bilden. Mittelfristig wäre sinnvoll, die aggregierte Abstimmung auch für *private Emittenten* zu ermöglichen und die §§ 4a ff. des Entwurfs in das SchVG zu überführen. Nicht wenige private Emittenten haben mehrere Emissionen ausstehen, so dass sie im Falle einer Umschuldung vor ähnlichen Problemen stehen könnten wie staatliche Emittenten.[41] Desweiteren wäre die gewählte „anlassbezogene" Gesetzgebungstechnik zu überdenken. Die Neuregelungen sollten mit allgemeiner Geltung versehen sein, statt nur einen *safe harbour* für bestimmte Emittenten und Gestaltungsformen zu schaffen. Solche Maßnahmen könnten sich rasch als „unsafe harbour" für andere Bereiche erweisen.
- Es bleibt daher zu wünschen, dass die vorstehenden verbliebenen Punkte in naher Zukunft angegangen werden, indem die gesamte Thematik – durch eine Erweiterung der Optionen im SchVG – eine einheitliche Regelung erfährt.

41 S. auch *Nodoushani*, WM 2012, S. 1798, 1802 r. Sp. u., 1807 (Nr. 6).

V. Anhang: Berechnungsbeispiele

Beispiel 1 – CACs nach engl. Recht (ohne Aggregation)
Emittent hat fünf Bonds über je 200 Mio. emittiert, die alle mit *Wahlklauseln nach englischem Muster (Mehrheit der Anwesenden: 2/3, Quorum: 1/3)* ausgestattet sind. Folgendes Ergebnis:

	Teilnahme	Zustimmung	% Zustimmung
Bond A:	120 Mio.	108 Mio.	**90 %**
Bond B:	100 Mio.	95 Mio.	**95 %**
Bond C:	110 Mio.	44 Mio.	**40 %**
Bond D:	80 Mio.	76 Mio.	**90 %**
Bond E:	90 Mio.	85,5 Mio.	**90 %**
(nachrichtlich) **Summe:**	**500 Mio.**	**408,5 Mio.**	**81,7 %**

Ohne Aggregationsklausel kommt die nötige Mehrheit bei Bond C nicht zustande, d.h., es sind nur die Bonds A, B, C, D „zu 100 %" = 4 × 200 Mio. gebunden.

Im Falle eines mit einem freiwilligen Umtausch kombinierten „exit consent" wäre das gebundene Volumen: **4 × 200 Mio. + 44 Mio. (Volumen der freiwillig hingegebenen Stücke) aus Bond C = 844 Mio. = 84,5 %.**

Das Hold-Out-Potential würde noch 156 Mio. umfassen.

Beispiel 2 – Einstufige Aggregation (analog dem griechischen CAC-Gesetz)
Emittent hat fünf Bonds über je 200 Mio. emittiert, die (vorbehaltlich der rechtlichen Machbarkeit) alle mit *Wahlklauseln mit einstufig aggregierter Zählung (aggregierte Mehrheit des anwesenden Kapitals: 2/3, Quorum: 1/3)* ausgestattet sind.
Folgendes Ergebnis:

	Teilnahme	Zustimmung	% Zustimmung
Bond A:	120 Mio.	108 Mio.	90 %
Bond B:	100 Mio.	95 Mio.	95 %
Bond C:	110 Mio.	44 Mio.	40 %
Bond D:	80 Mio.	76 Mio.	90 %
Bond E:	90 Mio.	85,5 Mio.	90 %
Summe:	**500 Mio.**	**408,5 Mio.**	**81,7 %**

Bei einer aggregierten (einstufigen) Zählung – ohne Betrachtung der Verhältnisse im Einzelinstrument – wäre das **gesamte Volumen von 1.000 Mio.** = **100 %** gebunden, Hold Out = 0.

Es käme (sowohl für das Quorum als auch für die Mehrheit) nur auf die Summen an.

Beispiel 3 – Zweistufige Aggregation (z.B. EFC-CACs)
Emittent hat fünf Bonds über je 200 Mio. emittiert, die alle mit *Wahlklauseln mit zweistufig aggregierter Zählung (aggregierte Mehrheit des anwesenden Kapitals: 2/3, Quorum: 1/3 Mehrheit des anwesenden Kapitals in der Einzelanleihe: einfach)* ausgestattet sind.
Folgendes Ergebnis:

	Teilnahme	Zustimmung	% Zustimmung
Bond A:	120 Mio.	108 Mio.	**90 %**
Bond B:	100 Mio.	95 Mio.	**95 %**
Bond C:	110 Mio.	44 Mio.	**40 %**
Bond D:	80 Mio.	76 Mio.	**90 %**
Bond E:	90 Mio.	85,5 Mio.	**90 %**
Summe	**500 Mio.**	**408,5 Mio.**	**81,7 %**

Die summenmäßige Mehrheit wäre erzielt, nicht aber die zweite Mehrheit auf der Ebene der Einzelemission. Bond C wäre nicht gebunden, da dort keine (einfache) Mehrheit zustande gekommen ist. Die Bindungswirkung/ das Hold-Out-Volumen wäre wie bei Beispiel A (844 Mio. = 84,4 % bzw. 155 Mio. = 15,5 %)
Eine volle Bindung wäre erst bei folgendem Ergebnis erreicht:

	Teilnahme	Zustimmung	% Zustimmung
Bond A:	120 Mio.	108 Mio.	**90 %**
Bond B:	100 Mio.	95 Mio.	**95 %**
Bond C:	110 Mio.	60,5 Mio.	**55 %**
Bond D:	80 Mio.	76 Mio.	**90 %**
Bond E:	90 Mio.	85,5 Mio.	**90 %**
Summe	**500 Mio.**	**425 Mio.**	**85 %**

Kolibri 360 GmbH
Ferdinand-Jühlke-Straße 7
99095 Erfurt, Deutschland
produktsicherheit@kolibri360.de